PEUT-ON EXPLOSER EN RETENANT UN PET ?

LAUREN CLEARWELL

INTRODUCTION

Bon, mettons quelque chose au clair avant de plonger dans cette aventure aussi bizarre que merveilleuse. La vérité, c'est que tu as choisi de lire ce livre parce que tu es un ado qui se pose des questions assez géniales et que tu as hâte de trouver les réponses. Pas au sens littéral du terme, bien sûr. Certes, ces questions peuvent paraître un peu bizarres, mais même les questions étranges méritent de vraies réponses !

Ton jeune esprit brillant est probablement rempli de questions formidables qui peuvent te venir en tête quand tu essaies d'éviter tes devoirs ou même quand tu fixes le plafond. Ces questions peuvent aller de : *Pourquoi ma voix est-elle si bizarre quand on l'enregistre ?* à *Si je retiens un pet, est-ce que je vais exploser ?* Oui, tu es curieux, et devine quoi ? C'est génial, ça fait partie de ce qui te rend vraiment unique, et hé, ici, pas de jugement !

Alors, laisse-moi commencer par te dire ceci : tu n'es pas seul. Les gens de tous âges se posent parfois des questions étranges et déroutantes, comme : *Pourquoi rit-on quand quelqu'un trébuche ?* ou *Est-il vraiment possible d'éternuer les yeux ouverts ?* Avouons-le : ce sont le genre de questions qui pourraient laisser n'importe qui perplexe.

Eh bien, la bonne nouvelle, c'est que *Si je retiens un pet, est-ce que je vais exploser ? : Questions curieuses et réponses fascinantes pour les ados* est ton ticket d'or pour commencer à élucider certains des mystères les plus fous de la vie que tu n'arrives pas tout à fait à expliquer. Mais avant que tu ne me sortes un « C'est un manuel de sciences ou quoi ? », ne t'inquiète pas ; ce n'est pas une compilation ennuyeuse de faits sans saveur. Non, absolument pas ! Ce livre est bourré de réponses hilarantes et de tout ce que tu dois savoir sur certaines bizarreries de la vie. Tu découvriras des trucs plutôt cool qui feront dire à tes amis : — Attends, c'est vraiment vrai ? ou — Où est-ce que tu as trouvé ça ?

Et voilà le truc : être curieux est l'un des meilleurs aspects de l'adolescence et de la condition humaine. Alors, pourquoi ne pas simplement te laisser porter et remplir ton esprit de connaissances ? Choisis d'être toi-même, dans ton authenticité, et explore toutes les choses bizarres, merveilleuses et complètement déjantées de la vie auxquelles certains pensent peut-être, mais sans jamais oser en parler ou en chercher les réponses.

Il est important de savoir que poser des questions est une chose dont tu devrais être fier. Et devine quoi ? Plus la question est bizarre, mieux c'est ! Après tout, tu n'es pas n'importe quel ado ; tu es un futur pro des anecdotes. Alors, accroche-toi bien et prépare-toi pour l'une des aventures les plus étranges, drôles et divertissantes que tu feras jamais à travers certaines des questions les plus bizarres de la vie.

Que tu choisisses de lire ce livre pour rire, pour ta culture générale ou juste pour impressionner tes amis avec des faits époustouflants, il contient tout ce dont tu as besoin. Alors, vas-y avec confiance, sois fier de ta curiosité, et explorons ensemble certaines des questions étranges du monde et leurs réponses encore plus étranges. Que la fête commence !

PARTIE I

L'ÉTRANGE ET LOUFOQUE CORPS HUMAIN

POURQUOI L'ODEUR DE NOS PROPRES PETS NE NOUS DÉRANGE-T-ELLE PAS ?

V oici un mystère nauséabond : pourquoi l'odeur de nos propres pets ne nous dérange-t-elle pas ? C'est comme s'ils avaient obtenu un statut VIP dans le monde des odeurs. Alors, comment ça se fait ? Eh bien, tout est une question d'habitude. Votre corps est accoutumé à ses propres odeurs naturelles.

Quand vous lâchez un pet, votre cerveau se dit en gros : *J'ai senti pire, ce n'est vraiment pas si terrible.* Cela fait simplement partie de l'expérience humaine, un peu comme l'odeur de votre propre chambre qui ne vous dérange pas, même si elle sent un peu le renfermé, parce que vous y êtes habitué.

Mais quand quelqu'un d'autre en lâche un ? C'est une tout autre histoire. Votre cerveau ne sait pas à quoi s'attendre et passe instantanément en mode : *Mais qu'est-ce que c'est que ce truc ?* C'est comme la différence entre écouter votre chanson préférée et vous faire soudainement matraquer par la playlist aléatoire de quelqu'un d'autre. Le caractère insolite vous frappe comme une attaque surprise, et vos sens ne sont vraiment pas préparés à ça.

Les pets sont composés de gaz comme l'azote, l'oxygène et le dioxyde de carbone, des substances qui sont totalement inoffensives pour vous. Comme c'est vous qui produisez ces gaz, votre cerveau ne les perçoit pas comme une menace. Cependant, quand d'autres personnes pètent, leur mélange chimique unique est moins familier, comme si la playlist de leur pet ne correspondait pas tout à fait à votre vibe.

Au final, tout est une question de confort et d'habitude. *Vos propres pets ?* Ils font juste partie de vous. *Ceux de quelqu'un d'autre ?* Un rebondissement dont vous vous seriez bien passé. Mais bon, faites avec : après tout, c'est votre propre *parfum*, et c'est vous qui en êtes le créateur !

EST-IL POSSIBLE D'ÉTERNUER LES YEUX OUVERTS ?

Pour faire court, la réponse à cette fascinante question est oui, il est possible d'éternuer les yeux ouverts. Cela dit, il est probablement important que j'ajoute que la plupart des gens n'essaient pas de le faire, et que l'idée ne leur traverse probablement jamais l'esprit non plus. Quand tu éternues, ton corps effectue pour ainsi dire une grande et puissante réinitialisation qui dégage ton nez et tes voies respiratoires de tout irritant indésirable.

De nombreux réflexes du corps humain se déclenchent quand tu éternues, y compris la fermeture automatique de tes yeux. C'est une réaction naturelle qui aide à empêcher les germes ou les particules d'y pénétrer.

Tu pourrais essayer d'éternuer les yeux ouverts, mais ce sera probablement assez inconfortable. Les muscles qui contrôlent le mouvement des yeux et le clignement sont connectés aux muscles que tu utilises pour éternuer. Ainsi, quand tu éternues, la force et la pression peuvent rendre presque impossible de garder les yeux ouverts, du moins sans un véritable effort.

Alors, ne t'inquiète pas. Tu ne risques pas que tes yeux te sortent de la tête quand tu éternues. Donc, bien qu'il soit physiquement possible d'éternuer les yeux ouverts, il vaut probablement mieux laisser tes yeux se fermer. Après tout, ton corps sait ce qu'il fait !

POURQUOI A-T-ON DES SOURCILS ET À QUOI SERVENT-ILS ?

En réalité, les sourcils ne servent pas uniquement à te donner un air plus expressif ou des sourcils *au top* sur les réseaux sociaux. Mais, soyons tout à fait honnêtes : ça fait partie de leur charme ! La fonction principale des sourcils est en fait de protéger l'un de tes dons les plus précieux : tes yeux. Tu peux les imaginer comme de jolis petits boucliers qui détournent la sueur, l'eau et la poussière de tes yeux. C'est comme si tes sourcils disaient : — Pas aujourd'hui, la pluie ! ou : — Allez, circule, la sueur ! pour que ta vision reste parfaitement nette quand tu en as le plus besoin.

Mais attends, ce n'est pas tout ! Les sourcils t'aident aussi à communiquer sans prononcer un mot. Tu ne l'avais peut-être jamais réalisé, mais il est important de prêter attention aux sourcils. Ils bougent quand une personne est choquée, perplexe, ou même plongée dans ses pensées. Tes sourcils sont un peu comme le système d'émojis intégré de ton propre visage. Repense à la dernière fois que tu as été surpris. As-tu remarqué que tu avais haussé les sourcils d'étonnement ? Non, ce n'est pas juste un étrange réflexe ; ce sont tes sourcils qui font leur travail pour t'aider à mieux t'exprimer.

Et une autre chose qui pourrait te surprendre, c'est que tes sourcils jouent un rôle très important pour aider les autres à reconnaître ton visage. Oui, tu as bien lu ! Tu possèdes ton propre système de reconnaissance faciale high-tech intégré. Il faut se rendre à l'évidence : personne ne va te confondre avec quelqu'un d'autre en voyant ton haussement de sourcils si caractéristique !

Alors, même si tes sourcils n'ont peut-être pas de super-pouvoirs, ils sont certainement bien plus utiles que simplement décoratifs. Ce sont les petits héros discrets de ton visage : ils protègent tes yeux, expriment tes émotions et s'assurent que les gens sachent bien que c'est toi !

POURQUOI RÊVE-T-ON, ET NOS RÊVES ONT-ILS UNE SIGNIFICATION CACHÉE ?

L es rêves. S'agit-il d'une exploration audacieuse de ton subconscient ou juste de ton cerveau qui fait la fête toute la nuit ? Honnêtement, personne ne le sait vraiment. Ce que l'on *sait*, en revanche, c'est que les rêves sont en gros la façon qu'a ton cerveau de faire le tri dans le bazar de la journée, sauf qu'au lieu de le faire proprement, il mélange tout dans le désordre, et tout à coup, te voilà en train de chevaucher une licorne à toute vitesse dans un supermarché bondé.

Mais les rêves ne sont pas que des scénarios intéressants ; ils t'aident à gérer tes émotions, tes souvenirs, et tout le bazar qui se passe dans ta tête. C'est comme si ton cerveau décidait : *Bon, c'est l'heure de faire le ménage !* — sauf qu'au lieu de tout ranger correctement, il transforme ton stress en un véritable film d'action dont tu es le héros.

Alors, est-ce que les rêves *signifient* vraiment quelque chose ? Certains chercheurs pensent qu'ils t'aident à gérer des sentiments non résolus. Donc, si tu rêves que tu débarques à l'école vêtu uniquement de tes sous-vêtements phosphorescents préférés, c'est peut-être que ton cerveau essaie de te dire que tu es bien plus stressé que tu ne le devrais. Ou alors, il se fiche peut-être juste de toi.

D'autres pensent que les rêves sont simplement la façon qu'a ton cerveau de donner un sens à des pensées aléatoires, ce qui expliquerait pourquoi tu te retrouves soudain à piloter un vaisseau spatial en forme de taco. Peut-être que tu te sens d'humeur aventureuse — ou peut-être que ton cerveau a juste un drôle de sens de l'humour. Quoi qu'il en soit, que tes rêves aient une signification cachée ou non, ils rendent sans aucun doute le sommeil plus intéressant. Ne te prends juste pas la tête avec celui où un pancake géant te poursuit.

QU'EST-CE QUE L'HALEINE DU MATIN ?

Ah, tu connais sûrement la mauvaise haleine du matin. Je suppose qu'on pourrait dire que c'est l'un des moments les moins appréciés du réveil pour la plupart des gens. Alors, qu'est-ce qui se passe vraiment là-dedans ? Eh bien, pour être honnête, tout est une question de bactéries.

Quand tu dors profondément, ton corps entier, y compris ta bouche, se met en *mode repos*, et la production de salive ralentit. Cela signifie que pendant ton sommeil, il y a moins de ce bain de bouche naturel pour garder ta bouche fraîche. Les bactéries s'activent donc pendant que ta bouche se repose, se nourrissant des particules de nourriture restantes. Le résultat ? Cette charmante haleine du matin.

L'haleine du matin te met peut-être un peu mal à l'aise, mais ce n'est vraiment pas quelque chose qui devrait t'inquiéter ; c'est tout à fait normal pour l'être humain remarquable que tu es ! Tout le monde en a, même ceux qui proclament fièrement qu'ils n'ont jamais eu mauvaise haleine de leur vie. La réalité, c'est que c'est simplement pire le matin parce que les bactéries dans ta bouche ont eu des heures pour faire la fête sans surveillance pendant que tu dormais, et ta bouche n'a pas eu l'occasion de se rafraîchir.

Maintenant, pourquoi est-ce que ça sent si mauvais ? Eh bien, ces bactéries affamées produisent des composés soufrés en décomposant les restes de nourriture, et ce sont ces composés qui donnent à l'haleine du matin cette odeur de « beurk ». Donc, si ton haleine sent comme si quelque chose était mort dans ta bouche, c'est juste la façon qu'a ton corps de dire : *On a passé une nuit de folie ! Merci !*

Heureusement, l'haleine du matin est quelque chose que tu peux régler assez facilement en te brossant les dents, en utilisant un bain de bouche et en buvant de l'eau au réveil. Alors, la prochaine fois que tu te réveilleras avec la redoutable haleine du matin, souviens-toi juste que c'est la façon qu'a ton corps de te saluer avec enthousiasme le matin avec un très unique : *Debout, rayon de soleil ! C'est l'heure de se brosser les dents !*

LES GENS PEUVENT-ILS VRAIMENT S'ENFLAMMER SPONTANÉMENT ?

V oici une autre question plutôt fascinante. La réponse à cette question est « non ». Aussi cool et peut-être terrifiant que cela puisse paraître dans les films, l'idée que tu puisses t'enflammer comme ça, sans raison, n'est pas une chose dont tu as à t'inquiéter dans la vraie vie.

La *combustion humaine spontanée (CHS)* est « l'idée que quelqu'un puisse soudainement prendre feu sans aucune cause évidente », comme un accident bizarre ou une sorte de magie inexpliquée. Ça a l'air spectaculaire, non ? Cependant, il n'existe aucune preuve solide que ce phénomène se produise naturellement. Ce qui pourrait en réalité se passer dans ces rares cas, c'est qu'une petite étincelle ou une flamme déclenche le feu, et ensuite, la graisse du corps humain agit comme une mèche de bougie géante, accélérant la combustion. Ce n'est pas de la combustion spontanée ; ça ressemble plus à un barbecue qui a horriblement mal tourné, sans invités et sans marshmallows.

Alors, pas de panique à l'idée de te transformer en torche humaine pendant que tu binges ta série Netflix préférée. Si tu as chaud, c'est très probablement parce que tu as oublié d'allumer le ventilateur ou la clim, pas parce que tu es sur le point de t'enflammer d'une seconde à l'autre. Et si ces bougies ou ces briquets qui traînent chez toi t'inquiètent, ce serait une bonne idée de poser ce livre une seconde pour les mettre hors de portée. À part ça, tu as bien plus de chances d'attraper un méchant coup de soleil que d'entrer en combustion spontanée.

POURQUOI LES VOIX ONT-ELLES UN SON SI PARTICULIER SUR LES ENREGISTREMENTS ?

Honnêtement, as-tu déjà écouté avec curiosité un enregistrement de ta voix en te demandant : *« Mais qui diable est-ce ? »* Si ce n'est pas le cas, il est grand temps de le faire, car tu vas être bluffé — pas au sens propre du terme, bien sûr. Écouter sa propre voix sur un enregistrement peut te donner l'impression d'entendre un parfait inconnu te répondre. Si c'est le cas, ne t'inquiète pas ; tu n'es absolument pas en train de devenir fou. Ta voix sonne bel et bien différemment sur les enregistrements, et c'est même plutôt drôle quand on y pense.

Mais pourquoi est-ce que ça arrive ? Eh bien, quand tu parles, ta voix parvient à tes oreilles de deux manières. D'abord, comme tu t'y attendrais, il y a le son qui se propage dans l'air. Et puis, il y a aussi le son qui vient de l'intérieur de ta tête ! Oui, tu as bien lu : de l'intérieur de ta tête. Tu ne t'en rends pas forcément compte, mais ton crâne vibre, et ces vibrations transportent une version plus riche et plus grave de ta voix jusqu'à ton oreille interne. Alors, quand tu t'entends, c'est comme si tu avais un accès VIP à l'*édition de luxe complète* de ta propre voix.

Lorsque tu écoutes un enregistrement de ta voix, le microphone ne capte que le son venant de l'extérieur de ta tête : la version aérienne. Il n'y a pas de vibrations crâniennes supplémentaires ni de profondeur additionnelle. C'est pourquoi ta voix enregistrée semble souvent un peu plus aiguë ou plus fluette que ce que tu as l'habitude d'entendre. En fait, tu entends la *version radio* de toi-même, et non la version 3D immersive que tu expérimentes dans la vie de tous les jours.

Et devine quoi ? Les microphones ont aussi leurs propres petites manies. Ils peuvent exagérer certaines parties de ta voix, comme tes notes aiguës ou ce son bizarre que tu fais quand tu prononces le mot *écureuil*. C'est pour ça que les enregistrements peuvent parfois te donner l'impression d'être une personne complètement différente, te poussant à te demander : « *Est-ce que c'est vraiment moi ?* » Alors, la prochaine fois que tu grinceras des dents en entendant ta voix sur un enregistrement, souviens-toi : ce n'est pas toi, c'est la science — et peut-être que le micro n'est juste pas fan de ta tessiture unique !

QUE SE PASSE-T-IL QUAND TON PIED S'ENDORT ?

As-tu déjà été assis pendant un moment et soudain, senti que ton pied était devenu une espèce de masse bizarre, engourdie et ridicule qui ne t'appartenait plus ? Tu essaies de le bouger, mais c'est comme s'il avait décidé de faire la sieste sans te demander la permission. Alors, que se passe-t-il vraiment quand ton pied s'endort ?

Eh bien, ce n'est pas vraiment une sorte de sommeil mystique ; c'est plutôt comme si ton pied faisait un petit caprice parce qu'il n'obtient pas l'attention dont il a besoin. Ça arrive quand tu exerces une pression sur certains nerfs ou vaisseaux sanguins. Ça se produit généralement quand tu es assis dans une mauvaise position ou que tu croises les jambes. Quand cette pression augmente, elle peut couper la circulation sanguine et perturber les signaux nerveux envoyés à ton pied. Ton cerveau commence alors à recevoir de mauvais messages, et c'est là que tu ressens cette étrange sensation de picotements que nous connaissons tous et que nous aimons peut-être même d'une manière un peu bizarre.

Cette sensation s'appelle la paresthésie. C'est la façon qu'a ton corps de te dire : *Hé, ça fait un peu trop longtemps que je suis privé d'oxygène et de nutriments. Tu peux bouger pour que je puisse me réveiller, s'il te plaît ?* Quand tu changes enfin de position et que tu laisses le sang circuler à nouveau jusqu'à ton pied, les nerfs se remettent à fonctionner correctement, ce qui explique pourquoi tu as des *fourmis*. C'est comme si ton pied disait : *Youpi, enfin, je sens à nouveau !*

Donc, même si c'est super agaçant, c'est juste ton corps qui fait son intéressant. La bonne nouvelle, c'est que c'est sans danger. C'est simplement un petit rappel de la part de ton pied pour que tu lui donnes un peu d'amour et que tu évites de rester trop longtemps dans cette position inconfortable.

POURQUOI EST-CE SI AGRÉABLE
D'ÉTERNUER ?

As-tu déjà remarqué à quel point c'est étrangement satisfaisant d'éternuer ? Tu connais cette sensation, quand tu te retiens d'éternuer pendant un moment, et que d'un coup, *paf* — ton corps a enfin son moment de gloire, et tu as l'impression qu'une mini-fête se déclenche dans ta tête. Mais pourquoi est-ce que ça fait tant de bien d'éternuer ? S'agirait-il d'une sorte de plaisir caché dont personne ne nous a jamais parlé ?

En fait, l'éternuement, c'est un peu la façon qu'a ton corps d'appuyer sur le bouton *reset*. Quand tu éternues, ton corps expulse les irritants — que ce soit de la poussière, du pollen, ou juste ce petit chatouillement sorti de nulle part dans ton nez. Mais voilà le truc : il ne s'agit pas seulement de se débarrasser de ces agents irritants. La sensation de soulagement et de libération fait entièrement partie du plaisir. Éternuer active toutes sortes de muscles dans ton visage, ta poitrine et même ton ventre. C'est comme si ton corps faisait sa propre mini-séance de sport, et il te reste cette sensation de *aaaaah* après coup.

Mais attends, ce n'est pas tout ! Éternuer libère en fait une dose d'endorphines — les mêmes substances chimiques du bien-être qui se manifestent quand tu fais du sport ou que tu ris. Ces endorphines sont un peu comme la façon qu'a ton cerveau de te taper dans la main une fois l'éternuement passé. En gros, c'est ton corps qui te dit : *Hé, bon boulot pour avoir dégagé ton nez ; voilà une petite récompense !*

Voilà pourquoi on a parfois l'impression que c'est si bon d'éternuer : tu ressens une bouffée de soulagement, une dose d'endorphines et, avouons-le, un incroyable sentiment d'accomplissement. C'est comme si ton corps venait d'appuyer sur le bouton « actualiser » de tout ton système. Alors, la prochaine fois que tu éternues, prends un instant pour savourer cette petite fête que ton corps organise rien que pour toi. Tu le mérites !

À QUOI SERT LA CHAIR DE POULE ?

Vous avez probablement déjà vécu ces moments où un frisson soudain vous parcourt et où votre peau se couvre de petites bosses, comme si votre corps s'était transformé en pelote à épingles humaine. Vous savez, cette fameuse chair de poule ? C'est comme si votre corps essayait de vous envoyer un message, mais qu'il était, disons, un peu déroutant. Alors, finalement, à quoi sert cette chair de poule ?

Eh bien, croyez-le ou non, la chair de poule est en fait une caractéristique héritée de nos ancêtres poilus. Eh oui, avant que nous évoluions pour devenir les humains à la peau lisse que nous sommes aujourd'hui, nos parents des cavernes avaient une fourrure qui les aidait à rester bien au chaud et à paraître plus imposants qu'ils ne l'étaient. Lorsqu'ils avaient froid, les poils de leur corps se hérissaient et emprisonnaient plus d'air pour les garder au chaud. Donc, quand vous avez la chair de poule, votre corps fait de son mieux pour imiter un ancêtre poilu et frigorifié qui essaie de se réchauffer, sauf que, euh, nous n'avons plus de fourrure.

Mais la chair de poule n'apparaît pas seulement quand on a froid ! Elle se manifeste aussi quand on ressent des émotions fortes, comme la peur ou l'enthousiasme, ou en écoutant une chanson ou une histoire incroyable. C'est ce qu'on appelle la réaction de combat-fuite : votre corps se prépare à quelque chose d'intense, comme si vous étiez sur le point de réussir brillamment votre prochain examen de sciences ou de fuir un grizzly à une vitesse olympique. Les minuscules muscles situés à la base de vos follicules pileux se contractent, ce qui fait apparaître les bosses. C'est un peu comme si votre corps disait : *Je ne sais pas si je dois avoir peur, être surexcité, ou juste complètement perdu, alors je vais faire ça et puis c'est tout !*

Ainsi, même si la chair de poule n'a plus vraiment d'utilité pour nous, elle est un rappel excentrique de la singularité de notre corps et du fait qu'il s'accroche encore à de vieilles astuces du passé. Et parfois, c'est juste une réaction amusante à ce qui fait vibrer nos émotions.

POURQUOI TES DOIGTS SE RIDENT-ILS DANS L'EAU ?

Après avoir passé du temps à te détendre dans la piscine ou à prendre un long bain, tes doigts peuvent soudain donner l'impression de passer une audition pour le rôle d'une vieille créature sage dans un film de science-fiction. C'est comme s'ils passaient d'une peau lisse et douce à une apparence qui aurait plus sa place à la télé dans une pub pour des raisins secs que sur tes propres mains. Mais pourquoi est-ce que ça arrive ? Ton corps essaie-t-il simplement de te donner un aperçu de ce à quoi tu ressembleras quand tu auras 99 ans ? Pas tout à fait !

Il s'avère que les doigts fripés ne sont pas seulement un effet secondaire bizarre quand on passe un peu trop de temps dans l'eau ; il y a en fait une vraie raison à cela. C'est là que ton corps se montre astucieux. Quand tes doigts — et peut-être même tes orteils — se rident dans l'eau, c'est une réaction de ton système nerveux. Tu vois, ton corps est super intelligent et, crois-le ou non, ce plissement pourrait bien t'aider à mieux agripper les choses. C'est comme si ça donnait à tes doigts une paire de gants antidérapants naturels !

Autrefois, les scientifiques pensaient que ces rides n'étaient que le résultat de l'absorption d'eau par la peau, qui gonflait de manière étrange. Cependant, les recherches montrent maintenant qu'il s'agit en réalité d'une astuce de survie plutôt intelligente. Les rides créent plus de surface, ce qui aide tes mains à agripper des objets mouillés et glissants — un peu comme les rainures sur un pneu. Cool, non ? Donc, si tu avais été un homme des cavernes essayant de ramasser de la nourriture dans un environnement humide, tes doigts ridés t'auraient donné une meilleure prise sur les rochers, les plantes, ou tout ce que tu essayais de saisir.

Même si nous n'en avons peut-être plus besoin pour notre survie aujourd'hui, c'est quand même un petit rappel original de la façon dont notre corps a su s'adapter. Et soyons honnêtes : qui n'aime pas ce petit moment où l'on a les doigts tout fripés, histoire de se sentir un peu plus intéressant à la piscine ou en sortant du bain ?

À QUOI SERT VRAIMENT LA LUETTE ?

L a quoi ? Eh bien, tu vois ce petit truc *qui pendouille* et qui se balance tout au fond de ta gorge quand tu dis *Aah* ? Ouais, ça s'appelle la luette – et non, elle n'est pas juste là pour faire joli comme une décoration bizarre ou pour te donner une drôle de voix quand tu essaies de chanter. Alors, à quoi sert vraiment ce mystérieux petit bout de chair qui traîne au fond de ta gorge ?

Eh bien, crois-le ou non, la luette a en fait un rôle plutôt important à jouer. Elle n'est pas seulement là pour te mettre dans l'embarras quand tu essaies de parler en public ou pour te complexer sur ton apparence quand tu bâilles. L'une de ses fonctions principales est d'aider à avaler, plus précisément en empêchant la nourriture et les liquides de remonter dans ton nez. Tu sais, comme la fois où tu as essayé de boire quelque chose et que ça t'est ressorti par le nez par accident ? Ouais, c'est la luette à l'œuvre, qui s'assure que ça n'arrive pas – la plupart du temps, du moins.

Mais ce n'est pas tout ! La luette aide aussi à la parole en contribuant à la prononciation de certains sons. Elle aide à contrôler le flux d'air et les vibrations dans ta bouche et ta gorge, ce qui en fait un élément crucial pour parler clairement. C'est un peu comme le héros méconnu de tes cordes vocales, qui fait tranquillement son boulot pour que tu puisses papoter sans avoir l'air de bredouiller.

Alors, même si elle peut ressembler à un petit bout de quelque chose qui traîne là au hasard, ta luette est en fait un acteur clé pour avaler, parler et s'assurer que tu n'inhales pas ton dîner par accident. C'est la championne méconnue de ta gorge, qui fait son travail sans jamais demander un merci !

Y A-T-IL UNE EXPLICATION SCIENTIFIQUE AU FAIT D'ÊTRE CHATOUILLEUX ?

Alors comme ça, tu es en train de lire un super livre, totalement détendu, quand soudain, quelqu'un te donne un petit coup dans les côtes. Instantanément, tu te tortilles et éclates d'un rire incontrôlable. Que vient-il de se passer ? Tu as été pris d'une crise de chatouilles.

La science nous dit qu'il existe deux types de chatouilles. Le *knismesis* est la sensation légère, de picotement — comme un insecte qui se pose sur toi ou une plume qui t'effleure. Ça peut te faire gigoter un peu, mais en général, ça ne te fait pas rire aux éclats. Ensuite, il y a le *gargalesis*, le genre qui te fait exploser de rire quand on te chatouille les côtes, les pieds ou les aisselles.

Quand on te chatouille, ta peau envoie des signaux directement à ton cerveau, qui décide rapidement si la sensation est dangereuse ou juste un jeu, et déclenche ta réaction de rire et de gigotements. Essaie de te chatouiller toi-même, et il ne se passe rien — ton cerveau sait déjà ce que tu vas faire et bloque la réaction.

Certains scientifiques pensent que le fait d'être chatouilleux est une astuce de survie, car tes endroits les plus vulnérables sont aussi les plus chatouilleux. D'autres disent que c'est une question de lien social — les bébés rient quand leurs parents les chatouillent, et les amis se font des batailles de chatouilles juste pour s'amuser. En bref, être chatouilleux, c'est l'étrange façon qu'a ton cerveau de te garder en sécurité et de te faire rire, même si parfois, ça te rend un peu fou.

QUE SE PASSE-T-IL QUAND TES OREILLES SE DÉBOUCHENT SOUDAINEMENT EN AVION ?

L e claquement dans l'oreille, cette sensation qui te donne envie de t'enfouir la tête sous un oreiller jusqu'à ce que ça s'arrête. Tu es à 9 000 m d'altitude, en train de savourer ta collation et, tout à coup : pop ! D'un seul coup, tu as l'impression que tes oreilles ont été savamment bouchées avec du coton. *Qu'est-ce qui se passe là-dedans ? Tes oreilles sont-elles en train de lâcher ? T'en veulent-elles secrètement ?*

Non, c'est juste ton corps qui fait son travail pour que tu sois à l'aise, même si la sensation est un peu bizarre. Quand tu es en vol, la pression de l'air dans la cabine de l'avion change lorsque tu prends de l'altitude ou que tu descends. Tes oreilles sont comme de minus-cules capteurs de pression et, quand la pression dans la cabine ne correspond pas à celle à l'intérieur de ton oreille moyenne, ton tympan s'étire pour essayer de tout équilibrer. C'est ce qui provoque ce claquement et, franchement, c'est juste ton corps qui essaie de maintenir l'équilibre.

Normalement, tes oreilles gèrent ça plutôt bien. Tes *trompes d'Eustache* sont « ces petits canaux qui relient ton oreille moyenne à l'arrière de ton nez et de ta gorge, et qui aident à réguler la pression ». Mais parfois, surtout si tu es malade, congestionné ou simplement si tu voles à grande vitesse, ces canaux peuvent se boucher un peu. C'est à ce moment-là que tu sentiras cette pression monter et que tu auras besoin de te déboucher les oreilles.

Pour accélérer le processus, tu peux essayer d'avaler, de bâiller ou de souffler doucement en te pinçant le nez. Fais attention à ne pas souffler trop fort, cependant, il n'y a aucune raison de provoquer une crise de pression. Cela aide tes trompes d'Eustache à s'ouvrir et à équilibrer la pression.

Alors, même si le claquement des oreilles peut paraître un peu spectaculaire, c'est en fait juste la façon qu'a ton corps de dire : *C'est bon, je gère. Laisse-moi m'occuper de la pression.* Si seulement les en-cas dans l'avion étaient aussi doués que tes oreilles pour gérer la situation !

PEUT-ON TRANSPIRER AU POINT DE GLISSER SUR SON PROPRE CORPS ?

Cela peut sembler tout droit sorti d'un dessin animé bien marrant, mais si tu as déjà survécu à un cours de sport par une chaude journée, tu *sais* de quoi je parle. À un instant, tu enchaînes les burpees comme un pro, et l'instant d'après – *oups !* – ta main dérape sous toi comme si tu venais de marcher sur une savonnette faite de... eh bien, de toi.

Alors, que se passe-t-il ? D'abord, si tu es un être humain, tu transpires ! La quantité de sueur peut beaucoup varier d'une personne à l'autre, mais en moyenne, la plupart des gens perdent entre 0,5 et 2 L de sueur par heure en faisant de l'exercice. Même les jours tranquilles où tu bouges à peine, ton corps peut tout de même libérer environ 3 L, juste en existant. Donc oui, même en faisant très peu d'activité physique, tu peux te mettre à fuir comme un robinet qui goutte.

La plupart du temps, tes vêtements l'absorbent, ou elle s'évapore tout simplement. Mais si tu es torse nu, pieds nus, ou si tu t'entraînes sur une surface lisse, il est tout à fait possible de glisser sur ta propre sueur. Ce n'est pas courant, mais c'est tout à fait possible.

Maintenant, si tu es du genre à transpirer *beaucoup*, même quand tu ne bouges pas trop, tu souffres peut-être de ce qu'on appelle l'hyperhidrose. C'est juste un nom savant pour désigner une transpiration excessive qui survient quand tes glandes sudoripares ne savent plus quand s'arrêter. C'est tout à fait réel, un peu frustrant, et ouais, ça peut faire grimper ton risque de glissade en flèche. Les personnes atteintes d'hyper-hidrose sont connues pour tremper leurs t-shirts et leurs chaussures et, de temps en temps, laisser de petites flaques derrière elles.

Alors, peut-on glisser sur son propre corps ? Oui, ce n'est pas quelque chose qui arrive tous les jours, mais ce n'est absolument pas un mythe, surtout si ton corps est en mode arrosage automatique. Juste une raison de plus d'apporter une serviette et peut-être même de reconsidérer l'idée de faire des pompes sur des surfaces qui peuvent devenir glissantes quand elles sont mouillées.

PARTIE II

RÉACTIONS ÉTRANGES ET BIZARRERIES DU QUOTIDIEN

POURQUOI RIT-ON QUAND QUELQU'UN TOMBE ?

Q uelqu'un trébuche, perd l'équilibre ou se vautre, et voilà que tu fais tout ton possible pour ne pas éclater de rire. C'est comme si ton corps ne pouvait tout simplement pas s'en empêcher, même si tu as peur que la personne se soit fait mal. *Alors, pourquoi rit-on quand quelqu'un tombe ? Sommes-nous secrètement tous des sadiques, ou y a-t-il quelque chose de plus profond là-dessous ?*

Eh bien, il se trouve qu'il y a une raison psychologique à cela, et ce n'est pas parce que tu es une mauvaise personne. Quand quelqu'un tombe, cela déclenche ce que l'on appelle la *théorie de l'incongruité* — en gros, notre cerveau trouve ça drôle quand les choses ne se passent pas comme prévu. Dans notre vie de tous les jours, nous sommes habitués à voir les gens debout, se déplaçant comme des humains normaux. Alors, quand quelqu'un dégringole, c'est un moment inattendu, et notre cerveau trouve ça surprenant, même si nous savons que c'est probablement sans danger. C'est un peu comme si ton cerveau te disait : *Ouh là, ce n'était pas du tout censé arriver... mais c'est arrivé. Et maintenant, je ne sais pas comment réagir, alors je vais juste en rire.*

Mais le plus drôle, c'est que nous rions aussi parce que nous sommes soulagés. Quand quelqu'un tombe, il y a cette minuscule fraction de seconde où l'on se dit tous : *Oh non, est-ce que ça va ?* Mais si la personne se relève d'un bond comme si de rien n'était, le soulagement nous submerge, et on ne peut s'empêcher de rire de la stupidité de la situation. C'est presque comme si le rire était le moyen pour notre corps de relâcher la tension qui accompagnait la chute.

Alors, même si on peut avoir l'air d'une bande de rigolos sans cœur, le rire est en fait une réaction naturelle à un mélange de surprise, de soulagement et, honnêtement, du ridicule absolu de voir quelqu'un faire soudainement corps avec le sol. Pense juste à vérifier si la personne va bien d'abord — ensuite, tu pourras rigoler sans te sentir coupable.

POURQUOI LES MOUSTIQUES TE VOIENT COMME UN FESTIN CINQ ÉTOILES ALORS QUE LES AUTRES SONT LAISSÉS TRANQUILLES ?

S es petits vampires bourdonnants que la nature nous a offerts et qui semblent ne jamais se lasser du sang de certaines personnes : les fameux moustiques. Tu es tranquillement posé dehors ou dedans, et soudain, paf ! Quelqu'un d'autre se fait dévorer pendant qu'on te fiche la paix. *Pourquoi les moustiques préfèrent-ils certaines personnes à d'autres ? Sont-ils juste nuls pour se faire des amis, ou y a-t-il une logique dans leur folie bourdonnante ?*

Eh bien, il s'avère que les moustiques sont un peu difficiles sur le choix de leurs repas. Ils ne choisissent pas au hasard sur qui grignoter ; ils ont des préférences, et ces préférences sont en fait étayées par la science. Tout d'abord, les moustiques sont attirés par le dioxyde de carbone, que nous rejetons tous en respirant. Donc, si tu respires comme un marathonien après seulement quelques sprints, tu es sans doute une cible de choix. Mais ce n'est pas qu'une question de quantité d'air que tu expulses ; les moustiques adorent aussi certaines odeurs produites par la peau et la transpiration. Des substances comme l'acide lactique, l'acide urique et l'ammoniac — miam, n'est-ce pas ? — peuvent te donner l'odeur d'un buffet cinq étoiles pour moustiques.

Mais attends, ce n'est pas tout ! Si tu as une température corporelle plus élevée ou que tu produis plus de chaleur, en gros, les moustiques sont attirés par toi comme un papillon de nuit par la lumière. Alors, si tu es toujours la personne qui a le plus chaud dans la pièce ou que tu as naturellement les pieds qui transpirent, félicitations ! Tu es probablement le VIP du monde des moustiques.

Et voici un fait amusant : certaines personnes produisent naturellement plus de substances que les moustiques adorent, tandis que d'autres sont un véritable *buffet à volonté* pour eux. Ce n'est pas personnel ; les moustiques ont simplement leurs préférences et, malheureusement, certains d'entre nous sont de véritables aimants à moustiques ambulants.

Donc, la prochaine fois que tu seras dehors et que tout le monde se fera attaquer pendant que tu sirotes tranquillement ton thé glacé, souviens-toi : ce n'est pas que tu es mieux que les autres, c'est juste que tu es un peu moins délicieux pour les moustiques. Quelle chance !

POURQUOI NOTRE ESTOMAC GARGOUILLE-T-IL LE PLUS FORT QUAND ON EST SILENCIEUX ?

Encore un moment bien embarrassant : le gargouillement inattendu de ton ventre. Tu traînes avec tes potes, ou peut-être que tu es en cours, et là, soudain — *boum* — ton estomac décide de faire son entrée, avec un bruit digne d'une audition pour un documentaire sur la jungle. Ça arrive toujours au pire moment, pas vrai ? Alors, pourquoi ton estomac fait-il ce bruit si théâtral quand tu es super silencieux ?

Eh bien, si ton ventre gargouille, c'est tout simplement parce qu'il te rappelle qu'il a faim et qu'il attend à manger. Quand tu es silencieux, il y a moins de bruit pour couvrir les grondements de ton estomac et de tes intestins, ce qui les rend beaucoup plus audibles. Vois ça comme la manière bien à lui de ton corps de te dire :

« Eh, toi, je bosse dur, là ! Tu pourrais pas me lancer un en-cas ou un truc du genre ? N'importe quoi, s'il te plaît ? »

Ces gargouillements se produisent quand ton estomac et tes intestins essaient de digérer de la nourriture, même s'il n'y a rien à digérer dedans. C'est comme si ton système digestif s'ennuyait et voulait faire une petite vérification pour s'assurer que tout fonctionne encore.

En plus, ce n'est pas seulement une question de faim. Parfois, ton estomac passe en *mode vérification* pour voir si de la nourriture arrive bientôt. C'est un peu comme si ton estomac jouait au jeu de *« Voyons-voir-si-quelqu'un-remarque-que-j'existe »*. Comme ça arrive généralement quand tout est calme, tout le monde le remarque, c'est certain. C'est comme si le son était beaucoup plus fort pendant un moment paisible, surtout en classe ou quand tu es avec des amis.

Alors, la prochaine fois que ton estomac décidera de te rappeler ses besoins et sa présence, dis-toi simplement qu'il essaie juste d'attirer ton attention. Pas de quoi en faire un plat, tout le monde a le ventre qui fait des bruits bizarres de temps en temps. Contente-toi d'en rire, de prendre un en-cas, et de passer à autre chose !

19

PEUT-ON VRAIMENT MOURIR DE HONTE ?

Tu as sûrement déjà entendu quelqu'un dans ton entourage dire : « J'ai failli mourir de honte ». Tu t'es peut-être aussi demandé : *est-ce qu'on peut vraiment mourir de honte ?* Tu connais cette sensation quand tu trébuches devant ton crush ou que tu envoies un texto à la mauvaise personne par erreur, et que ton visage passe du blanc au rouge tomate en 0,5 seconde ? C'est la pire des sensations, pas vrai ? Naturellement, tu dois te demander : *est-ce que toute cette honte peut vraiment être mortelle ?*

Eh bien, détends-toi. Non, tu ne peux pas vraiment mourir de honte. Même si ta gêne ne provoquera pas un écran *Game Over* immédiat, elle peut avoir des effets secondaires assez marrants. Quand tu es gêné, ton corps passe en mode stress total. Ton cœur s'emballe, ton visage devient tout rouge, et tu pourrais même te mettre à transpirer ou avoir l'impression que tu vas t'évanouir. C'est comme si ton corps disait : *Euh... oh, c'est un moment plutôt gênant ; réagissons à cette situation comme si c'était une question de vie ou de mort.* Mais en réalité, c'est juste toi qui essaies de survivre à un désastre social, pas de faire une crise cardiaque.

La raison pour laquelle on a l'impression qu'on va mourir quand on est gêné, c'est que notre corps réagit à la gêne de la même manière qu'à l'anxiété ou à la peur. Et tu as bien deviné, c'est la réaction de *lutte ou de fuite*. Au lieu de fuir un ours, tu essaies d'échapper à l'ours émotionnel qu'est la maladresse sociale. Ton corps produit à plein régime de l'adrénaline et du cortisol, des hormones du stress qui te rendent nerveux, te font rougir et te donnent envie de te liquéfier sur place.

Mais ne t'inquiète pas ! Même si tu as l'impression que ta vie sociale s'effondre en direct, il est peu probable qu'un peu de gêne mette fin à tes jours, sauf si cela t'empêche de chercher de l'aide médicale quand tu en as besoin. Tu survivras pour raconter l'anecdote après un moment de honte occasionnel — et tu en riras probablement plus tard. Rappelle-toi simplement que tout le monde est passé par là, et que ton moment de honte sera oublié bien plus vite que tu ne le penses.

20

POURQUOI DEVIENT-ON
« HANGRY » ?

Hangry, c'est cette combinaison magique de *hungry* (avoir faim) et *angry* (être en colère) qui transforme même la personne la plus adorable en un monstre colérique et affamé, prêt à passer à l'attaque. Tu as sûrement déjà assisté à cette scène : quelqu'un est de très bonne humeur, mais dès que son estomac se met à gargouiller, c'est comme si un interrupteur basculait et que, soudain, cette personne devenait complètement différente. Alors, pourquoi devient-on « hangry » ?

Eh bien, tout ça, c'est à cause d'un drame qui se joue à l'intérieur de ton corps. Quand tu n'as pas mangé depuis un moment, ton taux de sucre dans le sang chute, et c'est là que les choses peuvent un peu déraper. Ton cerveau a besoin de sucre — de glucose — pour fonctionner correctement, et quand il ne reçoit pas l'énergie qu'il réclame, il envoie un signal pour faire de toi, disons... quelqu'un de pas très agréable à fréquenter. Ton corps libère des hormones de stress comme l'adrénaline et le cortisol, qui sont normalement là pour t'aider à gérer un danger, mais dans ce cas, elles ne font que te rendre irritable parce que le danger, c'est la nourriture. Et devine quoi ? Cette humeur massacrante qui t'envahit soudain ? C'est la façon qu'a ton corps de te motiver à trouver à manger le plus vite possible.

En gros, ton cerveau est en train de te dire : « *Hé, j'ai super faim, et je ne passe pas un bon moment, alors je vais faire en sorte que tu sois de mauvaise humeur jusqu'à ce que tu règles la situation.* » C'est comme une petite prise d'otage émotionnelle où seule la nourriture peut te sauver. De plus, la faim peut t'empêcher de réfléchir clairement, ce qui rend la prise de décision beaucoup plus difficile quand tu es « hangry ». Tu veux te disputer avec quelqu'un ? Oui, la faim fait qu'il est beaucoup plus facile de s'en prendre à cette personne.

Alors, la prochaine fois que quelqu'un passe de « zen » à « je suis à deux doigts de jeter mon téléphone par la fenêtre tellement j'ai faim », souviens-toi juste que le phénomène « hangry » est bien réel, et que tout est lié au besoin naturel de ton corps de se nourrir. Donne-toi à manger, et observe la transformation pour redevenir toi-même !

21

POURQUOI BÂILLE-T-ON QUAND LES AUTRES BÂILLENT ?

L e bâillement est un signe universel qui veut dire : *Je suis fatigué, je m'ennuie, ou peut-être que j'essaie juste de suivre le mouvement.* Mais la vraie question, c'est : pourquoi bâille-t-on toujours quand quelqu'un d'autre le fait ? Est-ce parce qu'on fait tous partie, en secret, d'une sorte de secte antique de bâilleurs, ou y a-t-il autre chose ?

Eh bien, il s'avère que le bâillement est vraiment *contagieux*, et ce n'est pas seulement parce que bâiller est un moyen sournois d'attirer l'attention de tout le monde — même si c'est un effet secondaire plutôt sympa. Quand on voit quelqu'un bâiller, notre cerveau réagit en imitant son geste. C'est comme une réponse automatique, un peu comme quand tu souris si quelqu'un te sourit.

Les scientifiques appellent ça le *bâillement contagieux*, et ce serait une question de lien social. Eh oui, tu as bien lu : quand tu bâilles en réponse à quelqu'un d'autre, ton cerveau se connecte au sien d'une manière étrange mais complètement humaine. C'est comme si ton cerveau avait sa propre façon de dire : *« T'inquiète, je te capte, frérot. »*

Mais pourquoi est-ce que ça arrive ? Les recherches suggèrent que le bâillement contagieux est lié à l'empathie. Quand on voit quelqu'un d'autre bâiller, notre cerveau le reconnaît et le *ressent* — un peu comme si on partageait la même émotion ou la même fatigue. Alors, si ton ami bâille, tu pourrais te dire : *« C'est vrai, tiens, je suis fatigué aussi. Bâillons ensemble, faisons-en un effort collectif. »* C'est en fait le signe qu'on est en phase avec les gens qui nous entourent, ce qui est plutôt cool quand on y pense.

Et oui, c'est totalement contagieux. Tu en as sûrement déjà fait l'expérience toi-même : une personne bâille et, en quelques secondes, toute la pièce est prise dans une chaîne de bâillements géante. C'est comme un effet domino de bâillements auquel on ne peut tout simplement pas échapper. La prochaine fois que tu te surprendras à bâiller après quelqu'un d'autre, souviens-toi : ce n'est pas une coïncidence, c'est la magie du cerveau social en action !

22

PEUT-ON TOMBER MALADE EN SORTANT AVEC LES CHEVEUX MOUILLÉS ?

L e mythe classique selon lequel cheveux mouillés riment avec maladie est une chose que ta mère t'a sûrement répétée de nombreuses fois pendant ton enfance, n'est-ce pas ? « Ne sors pas avec les cheveux mouillés, tu *vas* attraper un rhume ! » C'est comme un vieil avertissement transmis de génération en génération, mais y a-t-il une part de vérité là-dedans ? Peut-on vraiment attraper un rhume juste en mettant le nez dehors avec les cheveux humides ?

Eh bien, la réponse courte est : « Non. » En réalité, tu n'attraperas pas de rhume *juste* en sortant avec les cheveux mouillés. Les rhumes sont causés par des virus – plus précisément, les rhinovirus – et non par la météo ou le taux d'humidité de tes cheveux. Donc, ce ne sont pas les cheveux mouillés qui vont te rendre malade, mais ils te donneront probablement un peu froid et te mettront mal à l'aise.

Ceci dit, même si les cheveux mouillés ne causent pas directement de maladie, avoir froid et être mal à l'aise pourrait affaiblir un peu ton système immunitaire, te rendant plus vulnérable aux virus qui traînent déjà dans les parages. Si tu restes longtemps dans le froid, à trembler et à te sentir misérable, cela pourrait théoriquement donner aux virus un moyen plus facile de se faufiler. Mais ne t'inquiète pas si tu cours juste au magasin ou si tu marches pour aller en cours avec les cheveux mouillés, ton système immunitaire est probablement assez costaud pour gérer ça.

Alors, même s'il est peu probable que tu te réveilles avec un rhume à cause de ce moment passé les cheveux mouillés, c'est quand même une bonne idée de te sécher avant de sortir si tu veux rester au chaud et à l'aise. En plus, il n'y a rien de pire que de geler avec les cheveux froids et mouillés par une journée de grand vent. Crois-moi, tes cheveux t'en remercieront.

23

SE CRAQUER LES DOIGTS, EST-CE MAUVAIS POUR LA SANTÉ ?

Ce fameux craquement de doigts, ce son qui plonge ton entourage dans une mini-crise de panique, comme s'il allait assister à une sorte de rituel ancien. On t'a sûrement déjà averti : — Arrête de te craquer les doigts, tu vas avoir de l'arthrite ! Mais est-ce vraiment le cas, ou est-ce juste un autre mythe inventé pour te faire culpabiliser et changer tes mauvaises habitudes ?

Eh bien, la vérité, c'est que se craquer les doigts ne cause pas d'arthrite. C'est un soulagement, non ? Le craquement que tu entends, ce sont simplement des bulles d'air qui éclatent dans les articulations lorsque tu les étires. Ce ne sont pas des os qui frottent les uns contre les autres ou un truc flippant dans le genre. Le bruit est inoffensif, et il n'existe aucune preuve scientifique fiable indiquant que se craquer les doigts provoque de l'arthrite ou des dommages à long terme. Alors, ne te gêne pas pour continuer à les faire craquer si ça te chante !

Cependant, comme pour beaucoup de choses dans la vie, il y a une petite mise en garde... Même si se craquer les doigts ne cause pas d'arthrite, cela peut très certainement entraîner d'autres problèmes dont tu préférerais te passer. Si tu te craques les doigts fréquemment, tu pourrais irriter les ligaments autour des articulations ou provoquer une gêne temporaire. Si tu les craques constamment et avec force, tu pourrais même te retrouver avec un léger gonflement ou une diminution de la force de préhension. Donc, si ton habitude de te craquer les doigts tourne un peu à l'obsession, ça vaudrait peut-être le coup de faire une pause de temps en temps pour accorder à tes mains un repos bien mérité.

Au final, se craquer les doigts est plutôt inoffensif tant que ça ne fait pas mal ou ne te cause aucune gêne. Sois juste prudent et souviens-toi : ce n'est pas le bruit le problème, mais le craquement constant qui pourrait entraîner une petite douleur.

24

QU'EST-CE QUI PROVOQUE LE HOQUET, ET PEUT-ON L'ARRÊTER ?

L e hoquet peut sans doute être considéré comme l'invité surprise dont on se passerait bien. Il débarque de nulle part, généralement au pire moment, comme en plein milieu d'un cours ou pendant que tu essaies d'impressionner quelqu'un avec ton histoire *extrêmement importante*. Alors, que se passe-t-il quand ton corps décide subitement de se mettre à faire ce drôle de *hic* toutes les quelques secondes ?

Le hoquet survient lorsque ton diaphragme, le muscle situé juste sous tes poumons, se contracte brusquement. Normalement, ce muscle t'aide à inspirer et expirer tranquillement, mais quand il se spasme, il provoque la fermeture soudaine de tes cordes vocales et, boum, tu produis ce *hic* si caractéristique. C'est comme si ton corps organisait une petite fête du hoquet sans même t'inviter. Personne ne sait exactement pourquoi cela se produit, mais ça pourrait être déclenché par des facteurs comme manger trop vite, boire des boissons gazeuses ou même rire trop fort. Certaines personnes ont aussi le hoquet quand elles sont stressées ou nerveuses. En gros, c'est comme si ton corps te disait : *Surprise ! On va faire ce truc bizarre, maintenant.*

Mais comment l'arrêter ? Eh bien, il existe de nombreux « remèdes » farfelus : certains jurent qu'il faut retenir sa respiration quelques secondes, comme s'ils s'apprêtaient à plonger pour la plus longue aventure sous-marine du monde. Puis, il y en a d'autres qui essaient même de boire de l'eau la tête en bas ou d'avaler des cuillerées de beurre de cacahuètes. Ne me demande pas pourquoi, mais pour certains, ça marche. D'autres pensent même que te faire peur est la clé, parce qu'apparemment, « rien de tel qu'une bonne frousse pour arrêter le hoquet ». Cependant, aucun remède n'est garanti de fonctionner pour tout le monde. C'est un peu comme un jeu du genre : « on essaie tout jusqu'à ce que quelque chose finisse par marcher ! »

Alors, la prochaine fois que tu te retrouveras avec une crise de hoquet qui n'en finit pas, souviens-toi juste que c'est ton corps qui fait des siennes, mais que c'est sans danger. Et peut-être, essaie quelques-unes de ces astuces anti-hoquet si tu t'en sens le courage ! Ne sois juste pas surprisDans un souci d'inclusivité, l'autrice utilise ici la forme masculine comme genre neutre et non pour exclure les lectrices. si tu as encore plus le hoquet en essayant trop fort de l'arrêter.

25

POURQUOI SURSAUTE-T-ON PARFOIS JUSTE AVANT DE S'ENDORMIR ?

As-tu déjà vécu ce moment où tu es sur le point de sombrer dans un sommeil paisible et où, soudain, ton corps décide de te réveiller d'un bond *spasmodique*, comme si tu étais sur un trampoline ? C'est un peu comme ton mini grand huit personnel que personne n'a demandé, et ça semble toujours arriver au pire moment possible. Mais que se passe-t-il quand ton corps t'offre un *réveil surprise* juste avant que tu ne piques du nez au pays des rêves ?

Ce réveil involontaire s'appelle une *secousse hypnique*, une *secousse myoclonique* ou un *sursaut d'endormissement*, et c'est tout à fait normal, même si ça reste assez étrange. Cela se produit lorsque les muscles de ton corps commencent à se détendre au moment de l'endormissement, mais que, pour une raison quelconque, ton cerveau panique un peu, croyant que tu es en train de tomber ou de perdre le contrôle. Alors, il envoie une décharge à travers ton corps pour te réveiller, comme si tu allais t'écraser la tête la première par terre. C'est comme si ton cerveau se disait : *Attends une minute, on est en train de tomber ? Debout, soldat endormi !*

Ce qui est fascinant, c'est que personne ne sait vraiment pourquoi ces sursauts se produisent, mais les scientifiques ont quelques théories. L'une d'elles — déjà mentionnée — est que lorsque tes muscles se détendent, ton cerveau peut s'emmêler les pinceaux et croire que tu es réellement en train de tomber. Une autre idée est qu'il s'agit simplement d'un réflexe hérité de nos lointains ancêtres, qui avaient besoin de se réveiller rapidement au cas où ils seraient sur le point de tomber d'un arbre ou quelque chose du genre. Pensée étrange : *les premiers humains essayant de faire la sieste, perchés sur des branches !* Le stress ou l'anxiété pourraient aussi rendre ces sursauts plus fréquents. Donc, si tu stresses à cause de tes devoirs ou d'un gros examen, ton corps pourrait être particulièrement sur les nerfs au moment de se mettre en veille.

La bonne nouvelle ? Ces sursauts sont totalement inoffensifs. Tu as peut-être l'impression de faire une mini crise de panique juste avant de dormir, mais ton corps veut simplement assurer ta sécurité — c'est donc un peu comme une petite manœuvre du genre — oups, pas aujourd'hui — avant que tu ne sois trop à l'aise.

Alors, la prochaine fois que tu vivras un de ces réveils inattendus, souviens-toi : ton corps fait juste son travail, s'assurant que tu ne piques pas une tête dans l'oreiller *sans filet*.

26

PEUT-ON VRAIMENT OUBLIER COMMENT MARCHER ?

À moins que tu ne sois l'un des tout premiers robots bipèdes, tu ne risques probablement pas d'oublier comment marcher. Heureusement, en tant qu'être humain, une fois que tu l'as appris, ton cerveau met cette compétence de côté, comme une playlist préférée qui tourne en boucle. Ça devient un automatisme, comme faire du vélo ou savoir exactement où sont rangés les en-cas.

La partie de ton cerveau qui te permet de marcher de façon fluide et stable s'appelle le cervelet, et il est responsable de l'équilibre et de la coordination. Donc, même si tu es à moitié endormi et que tu te traînes jusqu'au frigo à 2 h du matin, ton corps sait instinctivement ce qu'il doit faire – pas besoin de trop réfléchir.

Mais voilà le rebondissement : si la plupart des gens n'oublient pas comme ça comment marcher, il existe quelques cas rares où une personne perd soudainement cette capacité sans s'être blessée. Ça s'appelle le Trouble Neurologique Fonctionnel (TNF), et c'est comme si ton cerveau appuyait sur pause, non pas parce qu'il est cassé, mais parce qu'il est surchargé ou confus. Ça peut arriver en période de grand stress ou d'anxiété, et ça rend les mouvements vraiment difficiles. Quand ça se produit, tes jambes n'obéissent plus, ton équilibre peut devenir un peu chancelant et tu pourrais même tomber. Ce n'est pas imaginaire et c'est généralement temporaire – mais c'est très réel.

Et puis, il y a ces moments gênants du quotidien, comme quand tu as des fourmis dans le pied ou que tu trébuches sur rien du tout. Ton cerveau sait toujours comment marcher ; c'est juste ton corps qui tente de suivre. Ça, ce n'est pas oublier, c'est juste être parfaitement humain.

27

LES HUMAINS PEUVENT-ILS
SURVIVRE SANS SOMMEIL ?

L e sommeil : cette chose dont tout le monde se plaint de manquer. Mais les humains peuvent-ils vraiment survivre sans ? Est-ce qu'on peut juste passer en mode *sans sommeil* et carburer à fond dans la vie, comme si on était des super-héros en pleine mission ? Attention spoiler : *nan*. Les humains ne sont pas faits pour ce genre de prouesse.

Le sommeil, c'est comme le bouton de réinitialisation personnel de ton corps. C'est le moment où ton cerveau et ton corps ont le temps de se recharger, de se nettoyer et de se préparer à affronter une nouvelle journée. Sans sommeil, les choses *partent en vrille* très vite. En fait, si tu essaies de te passer de sommeil trop longtemps, tu commenceras à avoir l'impression de vivre un véritable cauchemar éveillé. La première chose qui arrive, c'est que ton cerveau devient tout embrouillé. C'est comme essayer de faire fonctionner ton téléphone avec un pour cent de batterie : ça marchera un moment, mais ça finira par planter.

Après seulement quelques jours sans sommeil, tu te sentiras probablement plus étourdi, tu auras du mal à te concentrer et tu pourrais commencer à voir des choses qui n'existent pas du tout. Eh oui, des hallucinations. C'est comme si ton cerveau se mettait à n'en faire qu'à sa tête sans ce précieux sommeil paradoxal. Et, comme tu t'en doutes, sans sommeil, ton système immunitaire est lui aussi complètement fichu, ce qui augmente tes chances de tomber malade.

Et les mauvaises nouvelles ne s'arrêtent pas là. Le manque de sommeil à long terme peut dérégler ton métabolisme et entraîner des problèmes comme la prise de poids, un niveau de stress plus élevé et même des soucis de santé graves comme les maladies cardiaques. Alors, même si passer une nuit blanche pour finir ce devoir de dernière minute peut sembler être un exploit, en réalité, ça te fait beaucoup plus de mal que de bien.

Maintenant, tu sais que les êtres humains ne peuvent pas survivre sans sommeil et qu'ils ne devraient même pas essayer. Bien sûr, on peut tenir quelques jours, mais le résultat n'est pas beau à voir. Alors, la prochaine fois que tu penses à sacrifier ton sommeil pour veiller tard en scrollant sur TikTok ou pour réviser, souviens-toi : ton corps et ton cerveau te feront savoir qu'il est temps de prendre un repos bien mérité.

PARTIE III

FAITS AMUSANTS ET MYTHES SUR LA NOURRITURE

28

MANGER DES TONNES DE CAROTTES PEUT-IL AMÉLIORER LA VUE ?

H é, on ne t'a jamais dit de manger tes carottes pour mieux voir ? Eh bien, ce n'est pas tout à fait comme ça que ça marche. Les carottes sont bonnes pour la santé, mais elles ne te donneront pas la vision nocturne ni ne te transformeront en une sorte de super-héros.

En fait, toute cette idée a vu le jour pendant la Seconde Guerre mondiale. Les pilotes britanniques utilisaient un radar pour repérer les avions ennemis la nuit, mais pour garder le secret, l'armée a fait courir la rumeur qu'ils mangeaient simplement beaucoup de carottes. Les gens y ont cru, et tout à coup, tout le monde a pensé que les carottes étaient magiques pour la vue.

Ceci dit, les carottes sont extrêmement saines et pleines de vitamine A, qui aide tes yeux à fonctionner correctement. Si tu manques vraiment de vitamine A, ta vision peut se détériorer, surtout dans le noir. Donc, même si les carottes aident, elles ne te permettront pas de voir à travers les murs ni de trouver la télécommande plus vite.

Plutôt que de te gaver de carottes, si tu veux vraiment prendre soin de tes yeux, ne passe pas des heures scotché à un écran, essaie de ne pas lire dans une lumière trop faible, et peut-être évite de t'asseoir à 5 cm de la télé. Il s'avère que les parents ont parfois raison. Pense aussi à varier ton alimentation : les légumes verts à feuilles, les œufs et le poisson sont excellents pour tes yeux également.

Alors oui, les carottes sont bonnes pour toi, mais elles ne sont pas un remède magique pour avoir une vue parfaite. Manges-en parce qu'elles sont bonnes, pas parce que tu espères voir dans le noir comme les chats.

29

SI TU L'AVALES, LE CHEWING-GUM RESTE-T-IL SEPT ANS DANS TON ESTOMAC ?

Il y a de fortes chances que tu aies déjà entendu cet avertissement : « N'avale pas ton chewing-gum ! Il va rester collé dans ton estomac pendant sept ans ! » Ça fait froid dans le dos, et tu t'imagines peut-être déjà l'intérieur de ton ventre se transformer en un cimetière de chewing-gums. Mais rassure-toi, il n'y a vraiment aucune raison de s'inquiéter. Ce n'est qu'un mythe. Ton estomac ne va pas se transformer en musée du chewing-gum et tu ne te réveilleras pas un beau matin rempli de vieilles boules non mâchées, tel un distributeur de bonbons sur pattes.

Le chewing-gum est fait d'une base caoutchouteuse que ton corps ne peut pas forcément décomposer comme il le fait avec la nourriture normale. Cependant, ça ne veut pas dire qu'il s'installe dans ton estomac pour près d'une décennie. Ton système digestif est une machine bien huilée et tout ce qu'il ne peut pas digérer, comme le chewing-gum, les grains de maïs et la pièce de LEGO que ton petit cousin a avalée, continue simplement son chemin jusqu'à ce que — eh oui, tu l'as deviné — ça ressorte par l'autre bout.

Bon, avant que tu ne commences à avaler toute ta réserve de chewing-gums, soyons clairs : en gober une trop grande quantité d'un coup peut provoquer une occlusion. L'inconfort et la douleur éventuelle pourraient pousser tes parents à t'emmener aux urgences, et ensuite, qui sait ce qu'il se passera — ce qui ne te plairait pas du tout.

Tu pourrais voir ça un peu comme un embouteillage, sauf qu'il n'a pas lieu aux heures de pointe, mais dans tes intestins. C'est rare, mais c'est déjà arrivé, et crois-moi, tu n'as aucune envie d'être la personne qui doit expliquer ça à un médecin. Donc, même si une seule boule ne va pas te transformer en distributeur de PEZ humain, il vaut toujours mieux la recracher à la poubelle... Oui, tu as bien entendu... à la poubelle... *pas* sous ton bureau, *pas* sur le trottoir et certainement *pas* sur la chaussure de ton ou ta pote. Crois-moi, ton système digestif et les baskets des autres t'en remercieront !

30

POURQUOI LES CHEVEUX DEVIENNENT-ILS GRIS ?

As-tu déjà remarqué les cheveux gris d'une personne plus âgée en te disant : *Waouh, mais comment ça se fait ?* Peut-être que la dernière fois que tu l'as vue, ses cheveux avaient leur couleur habituelle, et la fois d'après, on aurait dit qu'ils avaient perdu une bataille contre le temps ou un pot de peinture. Il n'y a pas de quoi trop s'en faire. Même si ce serait plutôt cool si c'était le cas, les cheveux gris ne sont pas le signe d'une sagesse ancestrale qui se révèle. C'est juste la façon qu'a ton corps de te montrer qu'il a décidé de renoncer à sa couleur de cheveux naturelle.

Voici comment fonctionne la couleur de tes cheveux : tes cheveux tirent leur couleur de la mélanine, le même pigment qui donne à ta peau sa teinte. Mais en vieillissant, les cellules productrices de mélanine dans les follicules pileux commencent à lever le pied — un peu comme la batterie d'un téléphone qui ne tient plus la charge aussi longtemps qu'avant. Moins de mélanine signifie moins de couleur et, au final, les cheveux deviennent gris, argentés ou même blancs de manière précoce, il y a de fortes chances que ce soit aussi ton cas. Désolé, mais c'est comme ça et on n'y peut rien. Et même si le stress peut accélérer un peu les choses, rater un contrôle de maths ou oublier l'anniversaire de ton meilleur ami ne te donnera pas de cheveux blancs du jour au lendemain.

La bonne nouvelle ? Avoir des cheveux gris, c'est tout à fait normal, et beaucoup de gens arrivent à assurer avec ce look. En plus, au moins, ils ne deviendront pas verts — sauf si tu abuses du chlore. Dans ce cas... eh bien, c'est une tout autre histoire !

31

PEUT-ON VRAIMENT DEVENIR ACCRO AU CHOCOLAT ?

Q ue tu adores le chocolat, que tu préfères autre chose ou que tu t'en fiches complètement, est-ce que tu t'es déjà demandé si on pouvait vraiment y devenir accro ? Est-il possible d'en avoir tellement envie que ne pas en avoir un morceau te ferait complètement péter un câble ? Eh bien, bonne nouvelle : tu n'es probablement pas *techniquement* accro. Cependant, ça ne veut pas dire qu'il est facile de résister au chocolat quand tu as envie d'une gourmandise sucrée.

Le chocolat contient un mélange de sucre, de graisse et d'un peu de caféine, un cocktail qui peut faire beaucoup de bien à ton cerveau. Il contient aussi une substance appelée théobromine, qui donne un petit coup de fouet. Quand tu en manges, ton merveilleux cerveau se met au travail et libère de la dopamine, ces substances chimiques du *bien-être* qui peuvent te faire sentir bien et heureux. Il est donc logique que le chocolat soit tentant, surtout quand tu as envie d'une petite douceur.

Mais de là à être accro ? Pas vraiment, même si on peut en avoir l'impression. Contrairement à d'autres substances qui provoquent une dépendance physique, les envies de chocolat sont davantage liées à l'habitude et au plaisir de manger quelque chose de bon qui satisfait tes papilles. Ton cerveau adore cette récompense et, soyons honnêtes, qui n'aime pas se sentir bien après un en-cas ?

Si tu te surprends à attraper une barre de chocolat absolument tous les jours, essaie peut-être d'intégrer d'autres en-cas aussi. On ne te juge pas, tout le monde a son en-cas fétiche. Rappelle-toi juste que ce n'est pas parce que tu aimes le chocolat que tu es accro... À moins que tu ne commences à envoyer des lettres d'amour à une barre Hershey's. Dans ce cas, il faudrait peut-être qu'on en reparle !

32

C'EST QUOI CE DÉLIRE AVEC LES PELUCHES DE NOMBRIL ?

Les peluches de nombril... ouais, ces petites boules bizarres qui semblent sortir de nulle part, comme si elles menaient leur propre vie secrète. Tu t'es déjà demandé ce qui se passait vraiment là-dedans ? Eh bien, accroche-toi : c'est tout simplement un mélange de fibres de tissu minuscules, de peaux mortes et de tout ce que ton nombril décide de collectionner au fil de la journée.

La plupart de ces peluches viennent de tes vêtements, surtout si tu portes des tissus duveteux ou sombres. Quand ton t-shirt frotte contre ta peau, de minuscules fils se détachent et finissent d'une manière ou d'une autre dans ton nombril, comme s'ils étaient en mission top secrète. Ajoute un peu de sueur et quelques cellules de peau, et boum, te voilà avec une nouvelle fournée de peluches toutes fraîches.

Petit fait amusant : les personnes qui ont plus de poils ont tendance à accumuler plus de peluches de nombril. Mais pourquoi ? Eh bien, les poils du ventre agissent comme un entonnoir, guidant toute cette ouate directement dans ton nombril, un peu comme un vortex à fibres. Les chanceux, hein ?

La bonne nouvelle, c'est que les peluches de nombril sont totalement inoffensives... à moins que tu ne les collectionnes pour... eh bien, des raisons que nous n'explorerons pas. Si ça te *dégoute* complètement, il suffit de nettoyer ton nombril régulièrement, et tu seras tranquille pour un moment. Mais voilà le truc : peu importe à quel point tu nettoies, d'une manière ou d'une autre, les peluches finissent toujours par revenir. C'est comme un tour de magie auquel tu ne peux pas échapper.

33

EST-CE QUE LE CAFÉ EMPÊCHE
VRAIMENT DE GRANDIR ?

E st-ce que tes parents t'ont déjà dit que boire
du café pouvait t'empêcher de grandir ? Tu
bois une gorgée de trop et, boum ! ta
poussée de croissance est officiellement annulée. Ce
n'est qu'un mythe de plus. En réalité, le café ne te fait
pas rétrécir et n'annule pas tes chances d'atteindre ta
taille maximale.

Cette rumeur a commencé il y a longtemps, quand les
gens croyaient que la caféine fragilisait les os et freinait
la croissance. Mais la vérité, c'est que la science dit le
contraire : le café n'a pas d'incidence sur ta taille. Les
seuls facteurs qui peuvent déterminer précisément la
taille que tu atteindras sont tes gènes. Donc, si tu as
pas mal de personnes grandes dans ta famille, félicitations : tu es probablement bien parti pour en faire

partie aussi. C'est un avantage non négligeable dans la vie, surtout quand tu essaies d'attraper des trucs placés en hauteur.

Il est important de se rappeler que même si le café ne t'empêchera pas de grandir, il contient de la caféine, et en trop grande quantité, elle peut perturber ton sommeil. Le sommeil est crucial pour un corps en pleine croissance, car c'est à ce moment-là que ton organisme se répare et grandit en grande partie. Si tu bois du café et que tu restes éveillé tard tous les soirs, tu risques de te sentir tout mou le lendemain ou, pire, de devenir grognon parce que tu tournes à vide.

Alors, si tu adores l'odeur et le goût du café mais que tu t'inquiètes pour ta taille, ne te prends pas la tête, il n'y a aucun souci. Souviens-toi juste que c'est probablement une bonne idée de ne pas enchaîner les expressos comme si tu étais un employé de bureau surmené. Tu auras tout le temps pour ça plus tard dans la vie, quand tu seras un peu plus grand et que tu toléreras mieux la caféine !

34

POURQUOI LES OIGNONS FONT-ILS PLEURER ?

C ouper des oignons, c'est un peu comme se retrouver en plein milieu d'une scène de film super émouvante. Un instant, tu es en train de couper tranquillement tes oignons, et l'instant d'après, bim ! Les larmes dévalent tes joues comme si tu étais au cœur de la scène de film la plus triste du monde. Mais ne stresse pas, les oignons n'en ont pas après toi. Ils ont simplement un mécanisme de défense intégré qui a une façon bien particulière de s'en prendre à tes yeux.

Alors, comment ça se fait ? Eh bien, quand tu coupes un oignon, tu brises ses cellules, qui libèrent alors une flopée de substances chimiques dans l'air. L'une d'entre elles est le syn-propanéthial-S-oxyde. Ah, et bon courage pour essayer de le prononcer cinq fois d'affilée, super vite.

Le syn-propanéthial-S-oxyde se transforme en un gaz qui monte et file tout droit vers tes yeux. Ton corps, croyant subir une attaque, se met à produire des larmes pour évacuer cet irritant. Et voilà comment ta cuisine se transforme en plateau de tournage pour un mélo bien triste.

L'oignon veut probablement se protéger pour ne pas être mangé et, malheureusement, c'est toi la cible. Mais pas de panique, tu peux tout à fait riposter ! Mettre ton oignon au frais avant de le couper peut ralentir cette réaction chimique, ce qui diminue le risque que tes larmes fassent une apparition spectaculaire. Sinon, si tu te sens d'humeur particulièrement maligne, essaie de couper l'oignon sous un filet d'eau pour empêcher le gaz irritant d'atteindre tes yeux.

Ou alors, eh, tu peux toujours jouer le jeu et laisser tout le monde croire que tu es juste *hyper* ému* en préparant le repas. « Oh, ça va... c'est juste ces oignons qui me bouleversent ! »

35

QUEL EST LE BRUIT LE PLUS ASSOURDISSANT DE L'HISTOIRE ?

Bon, on connaît tous quelqu'un d'un peu bruyant. Peut-être un frère ou une sœur qui crie d'une pièce à l'autre ou un ami qui a un rire de corne de brume. Même si parfois tu pourrais le penser, aucun d'entre eux n'arrive à la cheville du son le plus fort jamais enregistré dans l'histoire.

Le son le plus fort jamais enregistré dans l'histoire provenait d'un volcan. Oui, tu as bien lu. La nature a crié plus fort que nous. En 1883, un volcan nommé Krakatoa, en Indonésie, a explosé. Et quand on dit explosé, on veut dire qu'il n'a pas juste fait — Boum. Il a explosé avec une telle force que des gens l'ont entendu à près de 5 000 km de distance. C'est comme entendre une explosion à Londres alors que tu te la coules douce à New York.

On estime que le son a atteint environ 310 dB. Les oreilles de la plupart des gens commencent à faire mal aux alentours de 120 dB, ce qui dépasse le seuil de la douleur. Le Krakatoa était si bruyant qu'on pense qu'il a percé des tympans à 65 km de là et a fait trembler l'atmosphère. Les scientifiques disent que l'onde de pression de l'éruption a fait 4 fois le tour de la planète.

Maintenant, la partie sérieuse : l'éruption du Krakatoa a provoqué d'énormes tsunamis, a détruit des villages, et plus de 36 000 personnes sont mortes. Alors oui, même s'il détient le record du son le plus fort, il nous rappelle aussi à quel point la nature est puissante. C'est un de ces événements qui est à la fois fascinant et déchirant.

Pourtant, si on ne parle que du son, il était si fort que si le son avait pu voyager dans l'espace, les extraterrestres auraient fait demi-tour avec leurs vaisseaux en se disant : — Non. Pas aujourd'hui. Attends, quoi ? Le son ne peut pas se propager dans l'espace ? Eh oui !

Le son a besoin de quelque chose pour se déplacer, comme l'air, l'eau, ou même des matières solides. L'espace n'a rien de tout ça, donc le son ne peut aller nulle part. Si le Krakatoa était entré en éruption sur la Lune ? Silence total. La lave aurait quand même giclé de partout, mais personne n'aurait rien entendu.

PARTIE IV

LE CERVEAU ET L'INEXPLIQUÉ

36

LE DÉJÀ-VU : UN BUG DU CERVEAU OU UN APERÇU D'UN UNIVERS PARALLÈLE ?

L e *déjà-vu* est « la sensation d'avoir déjà vécu un moment, même si tu es sûr et certain que non ». C'est comme si ton cerveau avait un petit bug, te faisant croire que tu revis quelque chose qui se produit pour la première fois. Tu es tranquillement en train de manger un sandwich en classe et, tout à coup, tu as cette étrange impression : *Attends, c'est sûr, j'ai déjà vécu cette scène. Sandwich compris.*

Alors, que se passe-t-il vraiment ? Les scientifiques pensent que le déjà-vu se produit quand les systèmes de mémorisation du cerveau se désynchronisent légèrement. Le traitement de notre mémoire est divisé en systèmes à court terme et à long terme. On pense que le déjà-vu pourrait survenir lorsque ton cerveau traite une nouveauté comme un souvenir, créant un sentiment de familiarité qui n'a pas lieu d'être. C'est comme si ton cerveau traitait la situation avec un temps de retard ; au moment où il rattrape ce retard, il l'enregistre par erreur comme un événement passé.

Une autre théorie suggère que le déjà-vu survient lorsque le cerveau détecte une similarité entre la situation présente et un souvenir dont tu n'as pas conscience. Il peut s'agir d'une odeur particulière, d'une scène ou même d'une sensation qui déclenche ce faux sentiment de familiarité, poussant ton cerveau à penser : *Je suis déjà venu ici.*

Bien que cela reste un certain mystère, le fait que le déjà-vu semble se produire lorsque le cerveau traite les informations de façon désynchronisée suggère qu'il s'agit plus d'un couac dans le traitement de la mémoire que d'une expérience véritablement mystique. Alors, la prochaine fois qu'un déjà-vu te frappe, tu pourras sourire et te dire : *Mon cerveau est juste en train de faire travailler ses muscles de la mémoire un peu trop fort.*

37

POURQUOI VOYONS-NOUS DES VISAGES DANS LES NUAGES ?

T'es-tu déjà retrouvé à fixer un nuage et à te dire soudain : *« Est-ce que c'est un visage qui me regarde ? »* C'est un peu comme si le nuage avait un secret à te confier, ou peut-être qu'il essaie de t'envoyer un message. Mais ne t'inquiète pas ; ce n'est pas un signe mystique ou une entité cachée qui essaie d'entrer en contact avec toi, c'est juste ton cerveau qui fait ce qu'il sait faire de mieux !

Ce phénomènes'appelle la paréidolie, un mot un peu savant pour désigner la tendance naturelle du cerveau à repérer des motifs dans des objets quelconques. C'est pour ça que tu peux voir un visage dans un rocher, une tranche de pain grillé ou même dans une tache de café. Les visages sont importants pour la communication humaine, alors avec le temps, ton cerveau est devenu très doué pour les repérer, même lorsqu'ils ne sont pas vraiment là.

Les nuages sont constitués de minuscules gouttelettes d'eau liquide ou de cristaux de glace, et leurs formes sont influencées par des facteurs comme le mouvement de l'air, la densité et la température. Ils sont donc naturellement irréguliers et prennent toutes sortes de formes aléatoires. Si certaines de ces formes ressemblent vaguement à des yeux, un nez ou une bouche, ton cerveau passe à l'action et se charge de combler les vides avec créativité. En un clin d'œil, ce nuage amorphe se transforme dans ton esprit en un visage complet, et ton cerveau se dit : « *C'est sûr, c'est bien un visage.* » C'est un peu comme si ton cerveau ne pouvait pas s'empêcher de jouer à « *Qu'est-ce que tu vois vraiment ?* ».

Alors, la prochaine fois que tu verras un nuage qui a l'air de te sourire, souviens-toi : ce n'est peut-être pas un message de l'univers, c'est simplement ton cerveau qui fait son travail. Et si par hasard ce nuage ressemble à une célébrité, eh bien, pourquoi ne pas taper la discute avec lui ?

38

POURQUOI CERTAINES PERSONNES SE SOUVIENNENT-ELLES DE FAITS APPAREMMENT INUTILES COMME SI C'ÉTAIT UN SUPER-POUVOIR ?

S uppose que tu parles à quelqu'un qui te sort nonchalamment un fait obscur, comme le nombre exact de parfums des bonbons Jelly Belly ou l'année de naissance de Napoléon, et tu te retrouves à penser : *Mais comment diable fait-il pour retenir ça ?* C'est comme si son cerveau était une malle au trésor remplie de connaissances en vrac, qui n'attendait que d'être ouverte aux moments les plus inattendus.

Alors, comment ça s'explique ? Eh bien, il s'avère que certaines personnes sont naturellement câblées pour stocker et se rappeler des informations qui ne sont pas forcément *utiles* mais qui sont, avouons-le, incroyablement intéressantes. Leur cerveau est comme un classeur ultra-efficace, rempli de faits et de détails insolites parfaitement organisés. Cette compétence provient du fonctionnement de leur système mémoriel, qui leur permet de coder et de retrouver des anecdotes sans effort. Imagine ça comme une collection mentale de savoirs bizarres qui est juste... là.

Une autre théorie est que les passionnés d'anecdotes ont une soif profonde d'apprendre. Ils sont constamment curieux, toujours à l'affût de nouvelles informations, et ils prennent un grand plaisir à découvrir des broutilles au hasard, même s'ils ne s'en serviront jamais dans la vie de tous les jours. C'est un peu comme posséder une encyclopédie de faits amusants pour le simple plaisir.

Donc, pendant que toi, tu oublies peut-être ce que tu as mangé pour dîner la semaine dernière, ce champion des anecdotes, lui, sera capable de se souvenir du moindre détail sur l'histoire des élastiques. Certes, ça n'aidera peut-être pas dans une situation de survie, mais ça rend assurément une soirée quiz inoubliable ! Cette compétence unique devrait être célébrée : ce n'est pas seulement un savoir aléatoire, mais le reflet d'un cerveau qui carbure à la curiosité, à la connaissance et au plaisir.

39

POURQUOI TOUT LE MONDE N'A PAS UNE MÉMOIRE PHOTOGRAPHIQUE ?

Connais-tu quelqu'un capable de se rappeler les moindres détails d'une pièce visitée des années auparavant, ou de décrire une scène de film comme si elle s'était déroulée la veille ? Pendant ce temps, toi, tu es là, à essayer de te souvenir où tu as laissé ton livre préféré il y a cinq minutes. Qu'est-ce qui se passe ?

Il se trouve que certaines personnes sont tout simplement plus douées pour transformer leurs expériences en souvenirs vivaces, presque *photographiques*. Cette faculté, appelée mémoire eidétique, leur permet de se remémorer des images, des sons et des détails avec une précision remarquable — un peu comme si elles feuilletaient un album photo mental. En réalité, la véritable mémoire photographique est très rare. Ce que la plupart d'entre nous perçoivent comme une mémoire parfaite est en fait un mélange de techniques de mémorisation impressionnantes et d'un cerveau particulièrement sensible aux détails visuels.

Pourquoi cela arrive-t-il ? C'est en partie génétique — certains cerveaux sont naturellement plus performants pour stocker et retrouver des images. Cependant, l'attention, la concentration et l'effort que nous consacrons à la mémorisation jouent aussi un rôle majeur. Si tu es du genre à constamment prêter attention aux petits détails qui t'entourent, ton cerveau aura plus de chances de s'en souvenir. Imagine que ton cerveau est un appareil photo qui a besoin du bon réglage pour réussir la prise de vue.

Si tu n'as pas la chance d'avoir cet *appareil photo mental*, ne t'en fais pas. Tu peux toujours entraîner ta mémoire pour qu'elle soit plus affûtée — il suffit d'un peu plus de concentration, d'entraînement et peut-être de quelques aides-mémoires comme des fiches. Non, on ne se balade pas tous avec une mémoire parfaite, mais se souvenir où tu as laissé ton téléphone ou tes livres ? C'est déjà une victoire en soi !

40

QUELLE EST LA CHOSE LA PLUS BIZARRE JAMAIS TROUVÉE DANS UN CORPS HUMAIN ?

Bouclez votre ceinture, ce qui suit, ce sont de véritables montagnes russes. Au fil des ans, les médecins ont découvert des choses vraiment bizarres à l'intérieur du corps des gens — des choses qui vous feront grincer des dents, rire et vous demander comment diable elles ont bien pu arriver là.

L'une des découvertes les plus choquantes ? Une éponge chirurgicale oubliée par accident dans le corps d'un patient après une opération. Oui, une éponge entière a été oubliée pendant des années, provoquant discrètement des douleurs sans que la personne ne le sache. Ce n'est que lors d'une autre intervention chirurgicale que les médecins ont trouvé l'éponge. Vous imaginez leur surprise quand ils l'ont retirée ? Je suis certain qu'ils ont dû dire quelque chose comme : — Tiens, ça, ce n'était pas prévu.

Mais ce n'est qu'un début... Il y en a d'autres ! Il y a eu des cas de personnes ayant avalé accidentellement toutes sortes de choses, des boules de poils aux pièces de monnaie, en passant même par des brosses à dents. Un homme s'est retrouvé avec une lame de rasoir entière coincée dans son système digestif, et non, je ne sais pas non plus comment c'est arrivé. Mais cette personne faisait partie des malchanceux, car il a été prouvé que les acides gastriques peuvent dissoudre les lames de rasoir. Attention, spoiler : s'il vous plaît, n'essayez pas !

Puis, il y a eu cette femme qui s'est réveillée en découvrant un cafard vivant dans son conduit auditif. Les médecins ont pensé que le cafard était entré dans l'oreille de la dame pendant qu'elle dormait. Ce n'est certainement pas le genre de surprise avec laquelle on aimerait se réveiller.

Heureusement, ces incidents sont rares, mais ils montrent bien à quel point la vie peut être imprévisible et étrange. Je suppose qu'on pourrait dire que le corps humain peut être comme un coffre au trésor bizarre rempli de curiosités. Mais s'il vous plaît, contentons-nous de la nourriture et évitons les objets tranchants comme les lames de rasoir.

41

QUELLES ÉTRANGES AFFECTIONS MÉDICALES ONT ÉTÉ RÉPERTORIÉES ?

Le corps humain nous réserve des surprises assez folles : certaines maladies sont si inhabituelles qu'on se croirait dans un film de science-fiction. Il en existe de nombreuses, mais dans cet article, nous allons nous pencher sur trois d'entre elles en particulier.

1. Premièrement, l'hypertrichose : il s'agit d'une maladie parfois appelée le *syndrome du loup-garou*. Elle provoque une pilosité excessive sur tout le corps : les bras, les jambes et même le visage. Imaginez avoir une barbe, des poils sur les bras et même dans le dos en permanence ! C'est une maladie rare, mais elle a été observée à travers l'histoire et se transmet

souvent au sein des familles. Cela peut paraître étrange, mais les personnes atteintes d'hypertrichose font face à de véritables défis, notamment la stigmatisation sociale et le besoin de soins constants.

2. Ensuite, il y a le syndrome de Cotard, une maladie dans laquelle les gens sont convaincus d'être morts ou d'avoir perdu des organes vitaux. On dirait un scénario de film d'horreur, mais c'est une affection psychologique grave. Ceux qui en souffrent éprouvent une profonde détresse, persuadés qu'ils ne sont plus en vie, ce qui peut rendre leur quotidien extrêmement difficile.

3. Et n'oublions pas les personnes qui ne ressentent pas la douleur. Non, ce n'est pas une sorte de super-pouvoir ; c'est une maladie appelée insensibilité congénitale à la douleur (ICD) dans laquelle les gens ne ressentent absolument aucune douleur physique. Bien que cela puisse sembler être un don, c'est en réalité très dangereux, car la douleur nous aide à nous protéger des blessures. Sans elle, une simple coupure pourrait passer inaperçue, exposant la personne à un risque de blessure grave.

Le corps humain a décidément ses bizarreries. Ces maladies rares nous rappellent que derrière ces curiosités médicales se cachent de vraies personnes qui font face chaque jour à des défis uniques.

42

POURQUOI SENTONS-NOUS DES ODEURS QUI N'EXISTENT PAS ?

Tu es probablement déjà entré dans une pièce, tu as senti une odeur et tu t'es dit : *Miam, du pop-corn tout frais !* pour finalement regarder autour de toi et t'apercevoir qu'il n'y avait aucun pop-corn en vue. Ou peut-être que tu perçois un parfum de rose, alors qu'il n'y a pas la moindre fleur dans les parages. Bienvenue dans le monde étrange de la *phantosmie*, où ton nez décide de te jouer des tours et envoie des odeurs fantômes directement à ton cerveau.

Alors, pourquoi est-ce que ça arrive ? Notre nez est vraiment doué pour détecter les odeurs et les envoyer à notre cerveau. Mais parfois, pour des raisons que nous ne comprenons pas encore tout à fait, tout peut partir en vrille. Ça pourrait être un *bug* dans le signal ou simplement un odorat hyperactif qui fait croire à ton cerveau qu'il détecte quelque chose alors que ce n'est pas le cas. C'est comme si l'application de détection d'odeurs de ton cerveau se mettait soudainement à faire n'importe quoi et te donnait des *suggestions d'odeurs* au hasard.

Plusieurs raisons peuvent l'expliquer. Ça peut être quelque chose d'aussi simple qu'un rhume, des allergies ou une sinusite qui perturbe ton odorat. D'autres fois, c'est lié au stress ou même à des problèmes neurologiques. Mais dans la plupart des cas, c'est sans danger et simplement une autre des bizarreries de notre corps.

Alors, la prochaine fois que tu seras convaincu de sentir une odeur sortie de nulle part, respire un bon coup et prends-le à la rigolade. C'est juste ton cerveau qui joue à un jeu bizarre de *C'est quoi, cette odeur ?* — et tu sais, la seule chose qui *cloche* vraiment, c'est ton odorat !

43

PEUT-ON ENTENDRE LE SILENCE ?

Peut-on entendre le silence ? Ça peut sembler tout droit sorti d'un film déroutant, mais il y a un hic : techniquement, non, on ne peut pas entendre le silence, car c'est l'absence de son. Cependant, avant de commencer à croire que vous perdez le sens des réalités, décortiquons la question.

Quand on se retrouve dans un endroit incroyablement calme — pensez aux chambres insonorisées. Oui, ça existe, et c'est un peu surréaliste — on peut alors commencer à remarquer quelque chose d'étrange : les bruits de son propre corps. Les battements de votre cœur, votre respiration, et même le son du sang qui circule dans vos oreilles. C'est comme si votre cerveau travaillait encore d'arrache-pied pour traiter le son, même quand le monde extérieur est silencieux. Donc, même si on a l'impression que c'est le silence, on entend toujours son corps faire son petit train-train.

Dans des cas extrêmes, comme dans un vide sonore quasi total, des gens ont rapporté entendre des bruits étranges, apparemment aléatoires, ou avoir l'impression d'être entrés dans une toute autre dimension. Ça peut même être un peu troublant ou déroutant, comme si le silence lui-même vous jouait des tours. C'est presque comme si, en écoutant trop attentivement le néant, votre esprit se mettait à créer ses propres sons.

Alors, peut-on vraiment entendre le silence ? Pas exactement, mais on peut en faire l'expérience, et ça pourrait bien s'avérer beaucoup plus étrange que ce à quoi vous vous attendiez !

44

D'OÙ VIENT LE « GEL DU CERVEAU » ET EST-CE QUE ÇA PEUT TE FAIRE DU MAL ?

Tu connais cette sensation quand tu prends une bouchée de quelque chose de froid, comme une glace ou un granité, et que soudain, tu as l'impression que ton cerveau fait des loopings dans ton crâne ? Qu'est-ce qui se passe ? Ton cerveau est-il vraiment en train de court-circuiter ? Ou est-ce une sorte de punition cosmique parce que tu t'es encore laissé tenter par une douceur ?

Ne t'inquiète pas, ce n'est pas ton cerveau qui a un bug ; en fait, ça s'appelle la *ganglioneuralgie sphénopalatine* (Brusie, 2016). Oui, c'est un nom un peu barbare, c'est le moins que l'on puisse dire, mais ne te laisse pas effrayer ! Ce qui se passe n'est pas aussi terrible que ça en a l'air.

Voici ce qui se passe : quand quelque chose de très froid touche ton palais, ça perturbe la circulation sanguine dans ton cerveau. Les vaisseaux sanguins se contractent puis se dilatent rapidement, ce qui provoque une douleur vive. C'est la façon bien à lui de ton cerveau de te dire : *Hé, vas-y mollo avec les trucs glacés !*

Alors, pourquoi est-ce que ça arrive ? Eh bien, tu ne le sais peut-être pas, mais ton palais est relié à des récepteurs de douleur dans ta tête. C'est assez incroyable, non ? Quand il fait froid, ton cerveau est désorienté et propage la douleur dans toute ta tête. C'est un peu comme essayer de résoudre un grand mystère sans avoir le moindre indice.

La bonne nouvelle ? Le gel du cerveau est sans danger, c'est juste un moment rapide et agaçant. Pour l'éviter, essaie de manger de plus petites bouchées ou de laisser ta friandise glacée se réchauffer un peu avant de la savourer. Mais si ça t'arrive, il faut juste prendre ton mal en patience. Après tout, c'est un petit prix à payer pour le pur bonheur d'une glace !

PARTIE V

PHÉNOMÈNES NATURELS BIZARRES

45

PEUT-IL PLEUVOIR DES POISSONS ?

A lors, tu as peut-être entendu parler d'histoires de poissons qui tombent du ciel. On dirait une scène tirée d'un film de science-fiction ou un bulletin météo un peu bizarre, non ? Mais attends un peu. Crois-le ou non, ça arrive vraiment, mais pas de la manière que tu imagines.

Ce phénomène rare, connu sous le nom de *pluie de poissons*, se produit « lorsque de petites créatures aquatiques, comme des poissons ou des grenouilles, sont emportées par de puissantes tempêtes pour ensuite retomber au sol ». Mais ne t'inquiète pas ; ce n'est pas un signe de l'apocalypse. Il y a une explication tout à fait logique, bien que toujours assez étrange.

La cause la plus fréquente des pluies de poissons est un phénomène météorologique appelé une trombe marine. Les *trombes marines* sont des « colonnes d'air tourbillonnant, semblables à des tornades, qui se forment au-dessus de l'eau ». Quand elles deviennent assez puissantes, elles peuvent aspirer des objets légers, y compris des poissons, en passant au-dessus des lacs, des rivières ou des océans. Ces poissons sont transportés très haut dans les airs, parcourant parfois des kilomètres avant de finir par retomber au sol lorsque la tempête perd de sa force.

Des signalements de pluies de poissons remontent à des siècles et ont été documentés dans diverses parties du monde, y compris au Honduras, où un événement annuel appelé *Lluvia de Peces* – Pluie de Poissons – est rapporté depuis plus de 100 ans. Incroyable, n'est-ce pas ?

Alors, même si ça peut sembler être une scène d'un grand roman de fantasy, la pluie de poissons est un phénomène naturel réel, bien que rare. Si jamais tu te retrouves au milieu d'une telle pluie, n'oublie pas : un parapluie pourrait ne pas suffire à te protéger d'une averse de fruits de mer !

46

D'OÙ VIENT LA « VISION ÉTOILÉE » ?

Ça t'est déjà arrivé de te lever trop vite et d'avoir soudain l'impression d'être au milieu d'une explosion de paillettes ? À une seconde, tout va bien, et la seconde d'après, ta vision se remplit de petites lumières scintillantes. Non, tu n'es pas en train de débloquer des super-pouvoirs, et les extraterrestres n'essaient pas de te téléporter. Ce qui se passe en réalité, c'est un phénomène appelé hypotension orthostatique — ce qui est juste une façon compliquée de dire que ta tension artérielle chute trop vite quand tu te lèves.

Quand tu te lèves, la gravité attire ton sang vers le bas, et ton corps est censé réagir rapidement en resserrant les vaisseaux sanguins et en augmentant ton rythme cardiaque pour maintenir un flux sanguin suffisant vers ton cerveau. Mais parfois, il a un petit temps de retard, ce qui laisse ton cerveau momentanément en manque de circulation. C'est à ce moment-là que tu ressens des étourdissements, une sensation de vertige ou ces étranges flashs étoilés — c'est en gros ton corps qui appuie sur le bouton *veuillez patienter* le temps qu'il rattrape son retard.

La plupart du temps, ton corps se remet en ordre en quelques secondes et tout rentre dans la normale. Cependant, si cela arrive fréquemment, ou si tu as l'impression que tu pourrais vraiment t'évanouir, cela pourrait être le signe que quelque chose d'autre se passe. La déshydratation, un faible taux de sucre dans le sang, certains médicaments ou des problèmes de santé sous-jacents pourraient en être la cause. N'oublie pas que si cela continue, il est important d'en parler à tes parents.

Alors, la prochaine fois que tu te lèveras trop vite et que ta vision explosera en un feu d'artifice, souviens-toi : ce n'est pas de la magie ; c'est simplement ton corps qui essaie de suivre le rythme. Pas besoin de paniquer ; c'est juste l'un de ces aspects amusants du fait d'être humain.

47

QUE SE PASSE-T-IL QUAND ON PREND UN COUP DE JUS ?

L a décharge d'électricité statique... Un instant, vous vaquez tranquillement à vos occupations et, la seconde d'après, *zap !* Une petite secousse qui vous fait sursauter comme si la foudre vous avait frappé. *Mais que se passe-t-il ?*

Ce que vous ressentez, c'est l'électricité statique en action. Lorsque vous bougez — que ce soit en traînant les pieds sur un tapis, en retirant votre pull ou en glissant sur un siège de voiture —, votre corps accumule des électrons supplémentaires et se charge en électricité. Certaines matières, comme la laine, la moquette et les tissus synthétiques, transfèrent particulièrement bien ces électrons, c'est pourquoi vous risquez davantage de recevoir une décharge dans certaines situations.

Une fois que votre corps a accumulé assez de charge, il doit bien la libérer quelque part. Au moment où vous touchez un objet conducteur — comme une poignée de porte en métal, un interrupteur, ou même une autre personne —, cette énergie emmagasinée se décharge d'un coup sec et crée cette petite décharge vive. C'est en quelque sorte un mini-éclair au bout de vos doigts.

Les décharges statiques se produisent plus souvent par temps sec, surtout en hiver, car l'humidité dans l'air aide habituellement l'électricité à se disperser avant qu'elle ne s'accumule. Quand l'air est sec, ces charges supplémentaires restent plus longtemps, attendant juste le moment parfait pour vous surprendre.

La bonne nouvelle ? Les décharges statiques sont plutôt inoffensives — ce n'est qu'un petit coup de jus pour vous rappeler que la physique est toujours à l'œuvre, même quand vous n'y pensez pas. Alors, la prochaine fois que vous en prendrez un, ne le prenez pas personnellement. La nature vous garde sur le qui-vive, ou peut-être qu'elle vous encourage à investir dans une bonne paire de chaussures à semelles en caoutchouc !

48

POURQUOI CERTAINS ANIMAUX BRILLENT-ILS COMME PAR MAGIE DANS LE NOIR ?

T'est-il déjà arrivé de te promener la nuit dans le noir et de soudainement apercevoir une lueur mystérieuse au loin ? Non, tu te trompes ; ce n'est pas un OVNI et tu n'as pas débloqué la vision nocturne : la nature fait juste son intéressante. Certains animaux, comme les lucioles, les méduses et certains poissons des grands fonds, ont la capacité innée de briller, grâce à un phénomène appelé bioluminescence : la version bâton lumineux de la nature !

Mais pourquoi font-ils ça ? Eh bien, cette lueur a différentes fonctions selon l'animal et, la plupart du temps, c'est pour survivre, communiquer ou, crois-le ou non, pour la séduction. Pour les lucioles, briller sert avant tout à attirer le partenaire idéal. Ces flashs scintillants dans la nuit ? Ce sont tout simplement des signaux d'amour de lucioles. Les mâles émettent des signaux lumineux pour impressionner les femelles et si l'une d'elles est intéressée, elle répond en clignotant à son tour. C'est un peu la version naturelle d'un texto du genre : *Salut...*

D'autres créatures, comme certaines méduses et certains poissons des grands fonds, utilisent la bioluminescence pour se camoufler. Dans les abysses les plus sombres de l'océan, briller de la même couleur que la lumière environnante les aide à se fondre dans le décor et à éviter les prédateurs. C'est comme une cape d'invisibilité, mais en bien plus cool.

Ensuite, il y a des animaux qui utilisent leur lueur pour dérouter les prédateurs ou attirer leurs proies. Certains calamars, par exemple, créent des motifs lumineux clignotants pour distraire leurs agresseurs ou attirer des proies qui ne se doutent de rien. C'est comme la version sous-marine d'un spectacle laser, mais avec plus de tentacules et moins de DJ.

Mais il n'y a pas que les créatures sauvages qui possèdent ce superpouvoir lumineux ; certains animaux de compagnie sont aussi bioluminescents ! Certaines espèces de chats et de chiens, en particulier celles au pelage fluorescent, peuvent émettre une lueur sous une lumière UV. Cette lueur est due à des protéines spécifiques dans leur peau et leurs poils qui réagissent à la lumière ultraviolette. Bien que cette bioluminescence ne soit pas naturelle comme celle des lucioles, c'est quand même une petite astuce fascinante que les scientifiques ont découverte chez des animaux génétiquement modifiés ou dans des conditions de lumière particulières.

Alors, la prochaine fois que tu verras quelque chose briller dans la nature ou dans ton propre jardin, respire un grand coup et ne panique pas. Ce n'est pas une invasion extraterrestre, juste des créatures incroyables qui exhibent leurs veilleuses intégrées. Plutôt génial, non ?

49

CE FAMEUX PENCHEMENT DE TÊTE DES CHIENS QUI ÉCOUTENT : SIMPLE MIGNONNERIE OU AUTRE CHOSE ?

Votre chien a-t-il déjà penché la tête quand vous lui parlez, comme s'il essayait de déchiffrer un code secret ou de résoudre l'une des grandes énigmes de Sherlock Holmes ? C'est l'une des choses les plus mignonnes qu'il puisse faire, mais que se passe-t-il vraiment derrière ses yeux adorables ?

Eh bien, les chiens penchent la tête pour plusieurs raisons, et cela se résume généralement à leur désir de mieux vous comprendre ou de se souvenir de quelque chose. Premièrement, lorsqu'ils penchent la tête, ils ajustent leurs oreilles pour vous entendre plus efficacement. Leurs oreilles sont incroyablement flexibles, et incliner la tête les aide à affiner leur écoute. C'est un peu comme s'ils disaient : *Attends, quoi ? Tu peux répéter, s'il te plaît ?* Ce mouvement les aide aussi à déterminer d'où vient le son, un peu comme leur propre petite version d'un sonar.

Mais il ne s'agit pas seulement d'audition. Ils essaient aussi de mieux nous voir. Les chiens sont des experts pour décrypter nos visages et nos émotions, alors quand ils penchent la tête, ils obtiennent une meilleure vue de nos expressions. Ils tentent de déterminer si nous sommes heureux, contrariés, ou si nous leur demandons simplement de faire *assis* une fois de plus. C'est comme s'ils étaient de petits détectives à fourrure, relevant tous les indices que nous leur donnons.

Et, soyons honnêtes : parfois, ils essaient probablement juste de nous amadouer pour avoir une friandise ! *Oh, s'il te plaît, donne-moi une bonne chose à manger !* C'est leur botte secrète pour obtenir un peu plus d'affection ou une récompense savoureuse. Alors, quand votre chien vous gratifie de cet adorable penchement de tête, sachez qu'il essaie soit de vous comprendre, soit de se souvenir de quelque chose, soit — miam — de quémander une friandise. Dans tous les cas, c'est trop mignon pour y résister !

EST-CE QUE SE RETENIR DE PÉTER PEUT VRAIMENT TE FAIRE EXPLOSER ?

L a réponse à cette question est un grand *non* ! Même si se retenir de péter ne te fera pas exploser, ça pourrait bien te faire regretter de ne pas pouvoir le faire ! Quand tu sens la pression monter, c'est parce que ton corps produit des gaz pendant la digestion. Tous les jours, ton estomac et tes intestins travaillent dur pour décomposer toute la nourriture délicieuse que tu manges, ce qui produit des gaz qui, que tu le veuilles ou non, doivent finir par être expulsés.

Si tu retiens ces gaz, ils ne disparaissent pas comme par magie. Au contraire, ton corps les réabsorbe et tu pourrais ressentir des symptômes plutôt désagréables, comme des ballonnements, une gêne ou des maux de ventre occasionnels. C'est un peu comme essayer de fourrer trop de vêtements dans une valise beaucoup trop petite : à un moment donné, quelque chose va finir par céder !

Ainsi, bien que tu n'exploses pas en retenant un pet, cela peut être inconfortable, et ton ventre pourrait te sembler un peu bizarre. Si tu es tenté de te retenir dans une situation gênante, tu ferais probablement mieux de le laisser sortir. Cela dit, il est préférable de péter quand tu es seul. Si un pet t'échappe au mauvais moment, n'aie pas honte et ne deviens pas tout rouge : rappelle-toi que c'est une partie normale de la diges-tion et que tout le monde pète, même les influenceurs populaires des réseaux sociaux !

Alors, ne t'inquiète pas pour une explosion spectacu-laire parce que tu as retenu un pet, mais ne le retiens pas trop longtemps : ton corps pourrait trouver un moyen de l'expulser au moment où tu t'y attends le moins !

POSTFACE

Et voilà, les amis, nous voici au bout de cette aventure folle, bizarre et complètement déjantée. Tu as découvert les réponses à certaines des questions les plus déroutantes de la vie, comme pourquoi on ne peut pas s'empêcher de rire quand quelqu'un trébuche et pourquoi on n'arrive pas à garder notre sérieux quand nos propres pets entrent en jeu. On a tout exploré, de l'utilité mystérieuse de ta luette — sérieux, qui savait même que ça existait ? — à la question de savoir si se faire craquer les doigts cause vraiment de l'arthrite. Attention, spoiler : non, mais ça risque quand même de rendre dingue la personne à côté de toi.

Et n'oublions pas les bonnes nouvelles, comme le fait que se retenir de péter ne te fera pas exploser. Bien sûr, tu risques de te sentir mal à l'aise, mais tu ne vas pas te transformer en bombe à retardement humaine de sitôt. Un soulagement, pas vrai ? Que tu aies lu ce livre par un après-midi pluvieux ou que tu t'en sois servi pour épater tes amis avec des anecdotes étranges, j'espère que tu as bien ri et que tu as appris quelques infos amusantes.

La prochaine fois que tu traîneras avec tes potes et que la conversation dérivera sur des questions comme « Pourquoi j'ai des fourmis dans le pied ? » ou « C'est quoi, le problème avec l'haleine du matin ? », ce sera toi qui auras toutes les réponses, et probablement quelques blagues épiques à raconter aussi. Félicitations, tu viens d'obtenir officiellement ton doctorat *non officiel* en science des questions bizarres et géniales que les ados se posent !

N'oublie pas, la vie est bien trop courte pour tout prendre au sérieux. Alors, continue de rire des petites choses, de te poser les grandes questions, et accepte toujours ton côté bizarre. À la prochaine, reste cool, curieux, et la personne merveilleusement unique que tu es !

Et dis donc, s'il te plaît, n'essaie pas de retenir ce pet... lâche-le ; mais évite peut-être de le faire dans un ascenseur bondé !

BIBLIOGRAPHIE

Aguirre, C. (9 octobre 2023). *The science of tickling.* Headspace. https://www.headspace.com/articles/is-laughter-the-best-medicine

Airplane ear: Symptoms and causes. (2019). Mayo Clinic. https://www.mayoclinic.org/diseases-conditions/airplane-ear/symptoms-causes/syc-20351701

Anandanayagam, J. (9 janvier 2024). *Can you die from embarrassment? What we know.* Health Digest. https://www.healthdigest.com/1486527/can-embarrassment-cause-death/

Ask the brains: Why do we laugh when someone falls? (2008). *Scientific American Mind, 19*(5), 86-86. https://doi.org/10.1038/scientificamericanmind1008-86

Bad breath: Symptoms and causes. (2018). Mayo Clinic. https://www.mayoclinic.org/diseases-conditions/bad-breath/symptoms-causes/syc-20350922

Baraza, B. (26 décembre 2024). *Science behind why we like our own farts and what it says about leadership and empowerment.* Medium. https://medium.com/@Balozi.Baraza/the-science-behind-why-we-like-our-own-farts-and-what-it-says-about-leadership-and-empowerment-9c7fc9f45298

Beaulieu-Pelletier, G. (13 mars 2023). *Why do we laugh when someone falls down? Here's what science says.* The Conversation. https://theconversation.com/why-do-we-laugh-when-someone-falls-down-heres-what-science-says-199367

Bedinghaus, T. (2019). *Understand why you sometimes see stars and flashes of light.* Verywell Health. https://www.verywellhealth.com/why-do-i-see-stars-3422028

Begum, T. (s. d.). *The 1883 Krakatau eruption: A year of blue moons.* Natural History Museum. https://www.nhm.ac.uk/discover/the-1883-krakatau-eruption-a-year-of-blue-moons.html

Begum, J. (10 novembre 2021). *11 facts about sneezes and sneezing.* MedicineNet. https://www.medicinenet.com/11_facts_about_snee zes_and_sneezing/article.htm

Bhandari, S. (2021). *What is déjà vu?* WebMD. https://www.webmd. com/mental-health/what-is-deja-vu

Bodily functions explained: Goosebumps. (s. d.). Pfizer. https://www. pfizer.com/news/articles/bodily_functions_explained_goose bumps

Boyle Wheeler, R. (2019). *Slideshow: facts about gray hair: How to care for it and look your best.* WebMD. https://www.webmd.com/ beauty/ss/slideshow-beauty-gray-hair-facts

Brazier, Y. (24 mai 2024). *Flatulence: Causes, remedies, and complications.* Medical News Today. https://www.medicalnewstoday.com/ articles/7622

Breyer, M. (27 mars 2025). *8 reasons mosquitoes are attracted to you.* Verywell Health. https://www.verywellhealth.com/reason-mosquitoes-bite-some-people-more-others-4858811

Brown, H. (18 janvier 2014). *7 fun and unusual facts about the human body.* Famous Scientists. https://www.famousscientists.org/7-fun-and-unusual-facts-about-the-human-body/

Brusie, C. (22 décembre 2016). *Ganglionévralgie sphénopalatine : le guide du gel de cerveau.* Healthline. https://www.healthline.com/health/ sphenopalatine-ganglioneuralgia-brain-freeze

Cahn, L. (11 novembre 2019). *Les 11 choses les plus incroyables décou-vertes dans le corps humain.* Reader's Digest. https://www.rd.com/ list/craziest-things-found-in-peoples-bodies/?__cf_chl_tk= iFOSpzvXvMLUKSt6LpaHjAVHLorRM7KP8uKRSuNIqbA-1743597594-1.0.1.1-_ZACmYon641c91nUu2qMyN_7yDOaZfXEKv S8DwHpxsE

Peut-on éternuer les yeux ouverts ? (21 décembre 2016). Wonderopolis. https://www.wonderopolis.org/wonder/can-you-sneeze-with-your-eyes-open

Chan, K. (8 janvier 2024). *La mémoire eidétique : la réalité derrière l'esprit « photographique ».* Verywell Mind. https://www.verywellmind. com/eidetic-memory-7692728

Choi, C. Q. (9 janvier 2013). *Pourquoi les doigts et les orteils se rident dans l'eau*. Live Science. https://www.livescience.com/26097-why-fingers-pruney-water.html

Choi, C. Q. (18 mars 2023). *Pourquoi les chiens penchent-ils la tête ?* Live Science. https://www.livescience.com/why-do-dogs-tilt-their-heads

Cirino , E. (1er mars 2018). *Pourquoi avons-nous des sourcils : fonctions, épais, fins, et plus encore*. Healthline. https://www.healthline.com/health/why-do-we-have-eyebrows

Dargel, C. (20 septembre 2022). *Les cheveux mouillés peuvent-ils vous rendre malade ?* Mayo Clinic Health System. https://www.mayoclinichealthsystem.org/hometown-health/speaking-of-health/can-wet-hair-make-you-sick

Edwards, M. J., & Bhatia, K. P. (2012). Mouvements anormaux fonctionnels (psychogènes) : quand l'esprit et le cerveau fusionnent. *The Lancet Neurology*, *11*(3), 250-260. https://doi.org/10.1016/s1474-4422(11)70310-6

Extance, A. (21 décembre 2016). *Explication : la chimie des pets*. Chemistry World. https://www.chemistryworld.com/news/explainer-the-chemistry-of-farts/2500168.article

Fastrich, G. M., Kerr, T., Castel, A. D., & Murayama, K. (2018). Le rôle de l'intérêt dans la mémorisation des questions de culture générale : une enquête à partir d'une base de données à grande échelle. *Motivation Science*, *4*(3), 227-250. https://doi.org/10.1037/mot0000087

Franzen, A., Mader, S., & Winter, F. (2018). Bâillement contagieux, empathie et leur relation avec le comportement prosocial. *National Library of Medicine*, *147*(12), 1950-1958. https://doi.org/10.1037/xge0000422

Frothingham, S. (12 février 2019). *Qu'est-ce que la peluche de nombril et que dois-je faire ?* Healthline. https://www.healthline.com/health/belly-button-lint

Frothingham, S. (27 février 2020). *Peut-on éternuer les yeux ouverts ? Risque-t-on de se blesser ?* Healthline. https://www.healthline.com/health/can-you-sneeze-with-your-eyes-open

Galan, N. (9 août 2017). *Qu'est-ce que la paresthésie ? Causes et symp-*

tômes. Medical News Today. https://www.medicalnewstoday.com/articles/318845

Gallup, A. C., & Wozny, S. (2022). Le bâillement contagieux interspécifique chez l'humain. *National Library of Medicine, 12*(15), 1908. https://doi.org/10.3390/ani12151908

Ghose, T., & Zimmermann, K. A. (11 décembre 2012). *Paréidolie : voir des visages dans des endroits inhabituels*. Live Science. https://www.livescience.com/25448-pareidolia.html

Giorgi, A. (26 septembre 2015). *Tout ce que vous devez savoir sur le hoquet*. Healthline. https://www.healthline.com/health/hiccups

Bonne question : pourquoi est-ce si bon d'éternuer ? (18 avril 2012). *CBS News*. https://www.cbsnews.com/minnesota/news/good-question-why-does-sneezing-feel-so-good/

Gotter, A. (26 mars 2018). *Mauvaise haleine matinale : prévention, causes, traitement et plus encore*. Healthline. https://www.healthline.com/health/morning-breath

Gray, R. (20 juin 2022). Les surprenants bienfaits des doigts qui se rident dans l'eau. *BBC*. https://www.bbc.com/future/article/20220620-why-humans-evolved-to-have-fingers-that-wrinkle-in-the-bath

Grucza, A. (9 avril 2022). *Qu'est-ce que l'insensibilité congénitale à la douleur ?* WebMD. https://www.webmd.com/children/what-is-congenital-insensitivity-pain

Gupta, P. (30 septembre 2021). *Pourquoi est-ce que ça fait du bien d'éternuer ?* LifeMD. https://lifemd.com/learn/why-does-sneezing-feel-good

Hunter, A. (11 octobre 2023). *Peut-on éternuer les yeux ouverts ?* HowStuffWorks. https://science.howstuffworks.com/science-vs-myth/everyday-myths/sneeze-with-eyes-open.htm

Johnson, J. (21 octobre 2024). *Le bâillement : causes et raisons du bâillement contagieux*. Medical News Today. https://www.medicalnewstoday.com/articles/318414

Khan, M. (2 avril 2008). *Comment empêcher son estomac de gargouiller en public*. WikiHow. https://www.wikihow.com/Keep-Your-Stomach-Quiet-in-Public

Komarla, J. (14 décembre 2023). *Pourquoi certaines personnes aiment-elles l'odeur de leurs propres pets ?* ZME Science. https://www.zmes cience.com/feature-post/health/food-and-nutrition/why-do-some-people-like-the-smell-of-their-own-farts/

Krakatoa : éruption, causes et impact. (9 mai 2018). History. https://www.history.com/articles/krakatoa

Kumar, M. (2024). Exploring dreams and analyzing its impact on behaviour. *Research Gate, 12*(1). https://doi.org/10.25215/1201.226

Lazear, R. (3 mars 2025). *Comment la forme des nuages se crée-t-elle ? Un scientifique explique les différents types de nuages et comment ils aident à prévoir la météo.* The Conversation. https://theconversa tion.com/how-are-clouds-shapes-made-a-scientist-explains-the-different-cloud-types-and-how-they-help-forecast-weather-247682

Love, S. (10 juillet 2023). *Entend-on vraiment le silence ?* Scientific American. https://www.scientificamerican.com/article/do-we-actually-hear-silence/

Lovering, N. (22 juin 2022). *Puis-je être accro au chocolat ?* Psych Central. https://psychcentral.com/lib/does-chocolate-addiction-exist

Malchik, A. (31 août 2022). *Le parcours semé d'embûches vers un robot marcheur.* Medium. https://antoniamalchik.medium.com/the-bumpy-road-to-a-walking-robot-c3d5e25e716c

Manto, M., Bower, J. M., Conforto, A. B., Delgado-García, J. M., da Guarda, S. N. F., Gerwig, M., Habas, C., Hagura, N., Ivry, R. B., Mariën, P., Molinari, M., Naito, E., Nowak, D. A., Oulad Ben Taib, N., Pelisson, D., Tesche, C. D., Tilikete, C., & Timmann, D. (2011). Rôles du cervelet dans le contrôle moteur – la diversité des idées sur l'implication cérébelleuse dans le mouvement. *The Cerebellum, 11*(2), 457-487. https://doi.org/10.1007/s12311-011-0331-9

Marks, H. (23 août 2012). *Les rêves.* WebMD. https://www.webmd.com/sleep-disorders/dreaming-overview

Mayo Clinic Staff. (26 mai 2022). *Hypotension orthostatique (hypotension posturale).* Mayo Clinic. https://www.mayoclinic.org/diseases-conditions/orthostatic-hypotension/symptoms-causes/syc-20352548

McCallum, K. (3 juin 2022). Pourquoi les moustiques sont-ils plus attirés par certaines personnes que par d'autres ? *Houston Methodist Leading Medicine.* https://www.houstonmethodist.org/ blog/articles/2022/jun/why-are-mosquitoes-attracted-to-some-people-more-than-others/

McDermott, A. (20 décembre 2016). *Pourquoi est-on chatouilleux ?* Healthline. https://www.healthline.com/health/why-are-people-ticklish

Technique du micro et choix d'un micro de chant pour la scène. (s. d.). SingWise. https://www.singwise.com/articles/microphone-tech nique-and-choosing-a-vocal-microphone-for-live-performance-purposes

Mir, A. (3 novembre 2024). *Pourquoi certains animaux brillent-ils ? Les secrets de la bioluminescence.* Medium. https://medium.com/the-thinkers-point/why-do-some-animals-glow-the-secrets-of-biolu minescence-2c91fa02bc02

Mitchell, C. (2019). *Comment éviter les incendies dus à l'électricité statique en faisant le plein en hiver.* AccuWeather. https://www.accuwea ther.com/en/weather-news/what-causes-that-annoying-static-shock/338462

Moore, K. (6 octobre 2015). *Pourquoi mon ventre gargouille-t-il ?* Health-line. https://www.healthline.com/health/abdominal-sounds

Morgan, K. K. (8 février 2024). *Les causes de la transpiration excessive.* WebMD. https://www.webmd.com/skin-problems-and-treat ments/hyperhidrosis-causes-11

Mulcahy, L. (12 septembre 2023). Pourquoi vous n'aimez peut-être pas votre voix enregistrée et comment y remédier. *Washington Post.* https://www.washingtonpost.com/wellness/2023/09/12/why-your-recorded-voice-sounds-different/

Mythe ou réalité : manger des carottes améliore la vue. (27 août 2013). *Duke Health.* https://www.dukehealth.org/blog/myth-or-fact-eating-carrots-improves-eyesight

Mythe ou réalité : il faut sept ans pour digérer un chewing-gum. (27 août 2013). *Duke Health.* https://www.dukehealth.org/blog/myth-or-fact-it-takes-seven-years-digest-chewing-gum

Mythes sur vos yeux et votre vision. (13 février 2024). WebMD. https://www.webmd.com/eye-health/fact-fiction-myths-about-eyes

Naftulin, J. (13 juin 2018). *Pourquoi on devient irritable quand on a faim, selon la science.* Health. https://www.health.com/nutrition/what-is-hangry

Nall, R. (9 mars 2015). *Engourdissement du pied.* Healthline. https://www.healthline.com/health/numbness-of-foot

Nichols, H. (28 juin 2018). *Les rêves : Causes, types, signification, ce qu'ils sont, et plus encore.* Medical News Today. https://www.medicalnewstoday.com/articles/284378

Orf, D. (s. d.). *Le son le plus fort jamais enregistré est celui de l'éruption du volcan Krakatoa.* History Facts. https://historyfacts.com/science-industry/fact/the-loudest-known-sound-was-the-eruption-of-the-krakatoa-volcano/

Osborn, C. (8 mai 2017). *26 remèdes contre le hoquet.* Healthline. https://www.healthline.com/health/how-to-get-rid-of-hiccups

Palermo, E. (1er juillet 2013). *Lluvia de Peces : quand il pleut des poissons.* Live Science. https://www.livescience.com/37820-lluvia-de-peces-fish-rain.html

Panoff, L. (5 juin 2019). *Les carottes sont-elles bonnes pour les yeux ?* Healthline. https://www.healthline.com/nutrition/are-carrots-good-for-your-eyes

Pappas, S. (1er février 2023). *Qu'est-ce qui cause le déjà-vu ?* Scientific American. https://www.scientificamerican.com/article/what-causes-the-feeling-of-deja-vu/

Paréidolie. (2023). Psychology Today. https://www.psychologytoday.com/za/basics/pareidolia

Rajan, E. (2019, 31 décembre). *Avaler du chewing-gum : est-ce dangereux ?* Mayo Clinic. https://www.mayoclinic.org/diseases-conditions/indigestion/expert-answers/digestive-system/faq-20058446

Rath, L. (2022, 13 février). *Syndrome de Cotard : qu'est-ce que c'est ?* WebMD. https://www.webmd.com/schizophrenia/cotards-syndrome

Roland, J. (2017). *L'hypertrichose (syndrome du loup-garou) : causes, traitements et types*. Healthline. https://www.healthline.com/health/hypertrichosis

Rosa-Aquino, P. (2022, 17 décembre). *D'étranges rapports prétendent que des humains entrent en combustion spontanée, mais la science peut expliquer comment le corps agit parfois comme la mèche d'une bougie*. Business Insider. https://www.businessinsider.com/is-spontaneous-human-combustion-real-or-myth-scientific-evidence

Sadr, J., Jarudi, I., & Sinha, P. (2003). Rôle des sourcils dans la reconnaissance faciale. *Sage Journals*, *32*(3), 285-293. https://doi.org/10.1068/p5027

Santos-Longhurst, A. (2018, 30 juillet). *Combien de temps faut-il pour digérer un chewing-gum ?* Healthline. https://www.healthline.com/health/how-long-does-gum-take-to-digest

Semple, K. (2017, 16 juillet). Chaque année, il « pleut des poissons ». Les explications varient. *The New York Times*. https://www.nytimes.com/2017/07/16/world/americas/honduras-rain-fish-yoro.html

Shmerling, R. H. (2018, 6 mai). Faire craquer ses doigts : Pénible et dangereux, ou juste pénible ? *Harvard Health Blog*. https://www.health.harvard.edu/blog/knuckle-cracking-annoying-and-harmful-or-just-annoying-2018051413797

Shmerling, R. H. (2020, 3 août). Vous vous posez des questions sur la chair de poule ? Bien sûr que oui. *Harvard Health Blog*. https://www.health.harvard.edu/blog/wondering-about-goosebumps-of-course-you-are-2020080320688

Sinclair, C. (2022, 24 mai). La protection auditive dans les festivals et les concerts. *Alpine Hearing Protection*. https://www.alpinehearingprotection.com/blogs/party-music/hearing-protection-at-festivals-and-concerts

Singh, N. (2022, 10 avril). *Les scientifiques ont découvert pourquoi les gens aiment l'odeur de leurs propres pets*. Medium. https://medium.com/illumination/experts-found-people-like-the-smell-of-their-own-farts-7193c05ba764

Smuts, A. (s.d.). *Humor*. Internet Encyclopedia of Philosophy. https://iep.utm.edu/humor/

Un éternuement peut atteindre 160 km/h ! (2022). American Renaissance School. https://www.arsnc.org/2022/12/16/7218/coughing-and-sneezing-are-just-some-of-the-more-interesting-and-compli
cated-ways-the-body-works-to-protect-your-lungs-from-contami
nation

Songu, M., & Cingi, C. (2009). Le réflexe d'éternuement : faits et fiction. *Therapeutic Advances in Respiratory Disease*, *3*(3), 131-141. https://doi.org/10.1177/1753465809340571

Stone, J., Carson, A., & Sharpe, M. (2005). Les symptômes fonctionnels en neurologie : prise en charge. *BMJ Journals*, *76*(suppl_1), i13-i21. https://doi.org/10.1136/jnnp.2004.061663

Suni, E., & Dimitriu, A. (2020, 30 octobre). *Les rêves : pourquoi nous rêvons & comment ils affectent le sommeil*. Sleep Foundation. https://www.sleepfoundation.org/dreams

Voici la quantité de sueur que vous perdez chaque heure par chaleur extrême. (2017, 5 juillet). KHQ Right Now. https://www.khq.com/news/this-is-how-much-sweat-you-lose-each-hour-in-extreme-heat/article_15717480-f697-58f7-b9bf-c0feb5964b85.html

Trudeau, M., & Greenhalgh, J. (15 mai 2017). *Le bâillement pourrait renforcer les liens sociaux, même entre les chiens et les humains*. NPR. https://www.npr.org/sections/health-shots/2017/05/15/527106576/yawning-may-promote-social-bonding-even-between-dogs-and-humans

Comprendre les microphones. (27 juin 2012). Institute of Museum and Library. https://ohda.matrix.msu.edu/2012/06/understanding-microphones/

Uttekar, P. S. (s. d.). *Combien une personne moyenne transpire-t-elle par jour ?* MedicineNet. https://www.medicinenet.com/how_much_does_an_average_person_sweat_in_a_day/article.htm

La luette : anatomie, fonction et définition. (6 avril 2022). Cleveland Clinic. https://my.clevelandclinic.org/health/body/22674-uvula

Van, G. (31 mai 2018). *Le café ralentit-il vraiment la croissance ?* Healthline.   https://www.healthline.com/nutrition/does-coffee-stunt-growth

van de Laar, L. (17 mai 2022). L'éternuement : 10 raisons, causes et déclencheurs. *Houston ENT.* https://www.houstonent.com/blog/sneezing-10-reasons-causes-and-triggers

Vandergriendt, C. (20 mars 2023). *Combien de temps peut-on tenir sans dormir ? Fonctionnement, hallucinations, et plus encore.* Healthline. https://www.healthline.com/health/healthy-sleep/how-long-can-you-go-without-sleep

Villazon, L. (s. d.). *Pourquoi est-ce si bon d'éternuer ?* Science Focus. https://www.sciencefocus.com/the-human-body/why-does-snee zing-feel-so-good

Wells, D. (20 novembre 2017). *Phantosmie : fumée, autres odeurs communes, causes, traitement.* Healthline. https://www.healthline. com/health/phantosmia

Qu'est-ce qui attire les moustiques ? Comprendre les facteurs qui les attirent. (23 septembre 2024). Aptive Environmental. https://aptive pestcontrol.com/pests/mosquitoes/what-attracts-mosquitoes-understanding-the-factors-that-draw-them-in/

Que se passe-t-il si on retient ses pets ? (s. d.). Hackensack Meridian Health. https://www.hackensackmeridianhealth.org/en/healthu/2023/11/15/what-happens-if-you-hold-in-farts

Whelan, C. (22 septembre 2020). *Pourquoi les oignons font-ils pleurer ? Enzymes, traitements et plus encore.* Healthline. https://www.health line.com/health/why-do-onions-make-you-cry

Whitcomb, I. (18 juillet 2022). *Pourquoi a-t-on la chair de poule ?* Live Science. https://www.livescience.com/32349-what-causes-goose-bumps.html

Pourquoi les gens sont-ils chatouilleux ? (30 mai 2024). Cleveland Clinic. https://health.clevelandclinic.org/why-are-people-ticklish

Pourquoi est-ce que je retiens des informations inutiles plutôt que des infor-mations utiles ? (2018). The Naked Scientists. https://www.thena kedscientists.com/articles/questions/why-do-i-remember-useless-information-over-useful-information

Pourquoi rions-nous quand quelqu'un tombe ? (14 février 2011). University of Cambridge. https://www.cam.ac.uk/news/why-do-we-laugh-when-someone-falls-over

Pourquoi aimons-nous nos propres pets ? (9 novembre 2014). ScienceAlert. https://www.sciencealert.com/watch-why-do-we-like-our-own-farts

Pourquoi éternuons-nous ? (16 juin 2021). Williams Integracare Clinic. https://integracareclinics.com/why-do-we-sneeze/

« Pourquoi les oreilles se bouchent-elles en avion ? » (2025). Royal Society Te Apārangi. https://www.royalsociety.org.nz/150th-anniversary/ask-me-questions/why-do-your-ears-pop-in-planes/

« Pourquoi les oreilles se bouchent-elles en avion ? Et réponses à d'autres questions sur le vol ». (5 août 2022). BBC Bitesize. https://www.bbc.co.uk/bitesize/articles/zvcd7v4

« Pourquoi mon corps a-t-il des sursauts avant que je m'endorme ? (pour les ados) ». (s. d.). Nemours Teens Health. https://kidshealth.org/en/teens/sleep-start.html

« Pourquoi mon pied s'endort-il ? (pour les enfants) ». (2025). Kids Health. https://kidshealth.org/en/kids/foot-asleep.html

« Pourquoi votre voix est-elle différente sur un enregistrement ? » (14 septembre 2013). *BBC.* https://www.bbc.com/future/article/20130913-why-we-hate-hearing-our-own-voice

« Pourquoi nous souvenons-nous des anecdotes : La science de la mémoire ». (21 octobre 2024). *The Sporcle Blog.* https://www.sporcle.com/blog/2024/10/why-we-remember-trivia/

Winchester, S. (2003). *Krakatoa: The day the world exploded.* Harper Collins.

Zoppi, L. (17 juillet 2020). *« Ce qu'il faut savoir sur la mauvaise haleine matinale ».* Medical News Today. https://www.medicalnewstoday.com/articles/morning-breath

www.ingramcontent.com/pod-product-compliance
Lightning Source LLC
Chambersburg PA
CBHW060237030426
42335CB00014B/1500